삶 속에 적용하는 Life 삼위일체 신학

믿음이란
한 알의 밀알이 땅에 떨어져 죽음으로 많은 열매를 맺음과 같이
진리의 열매를 위하여 스스로 죽는 것을 뜻합니다.
눈으로 볼 수는 없으나 영원히 살아 있는 진리와
목숨을 맞바꾸는 자들을 우리는 믿는 이라고 부릅니다.
「믿음의 글들」은 평생, 혹은 가장 귀한 순간에
진리를 위하여 죽거나 죽기를 결단하는
참 믿는 이들의, 참 믿는 이들을 위한 참 믿음의 글들입니다.

삶 속에 적용하는
Life
삼위일체신학

정성욱 지음

홍성사.

차례 CONTENTS

들어가는 말_하나님의 존재 방식에 뿌리박은 영성　　7

1부 삼위일체 신학

1. '**삼위일체**'란 무슨 뜻인가요?　　15
2. **성경에는** 삼위일체라는 말이 **없는데요**?　　23
3. 삼위일체 교리는 어떻게 **확립**되었나요?　　41
4. 삼위일체론은 어떻게 **전개**되었나요?　　52
5. 삼위일체 신학의 **핵심**은 무엇인가요?　　60

2부 삼위일체 영성

1. 화두로 등장한 '**영성**'　　93
2. 기독교 '**영성**'이란 무엇일까요?　　99
3. 삼위일체 영성의 **핵심**은 무엇인가요?　　108
4. 삼위일체 영성을 어떻게 **가정생활**에 적용할 수 있나요?　　120
5. 삼위일체 영성을 어떻게 **교회생활**에 적용할 수 있나요?　　144
6. 삼위일체 영성과 **교단** 간에는 어떤 관계가 있나요?　　174
7. 삼위일체 영성과 **선교**는 어떤 관계가 있나요?　　184

나가는 말_삼위일체 영성과 예배　　211

들어가는 말
하나님의 존재 방식에 뿌리박은 영성

> 찬양 성부 성자 성령 **삼위일체** 신께……찬송가 6장.
> 거룩 거룩 거룩 자비하신 주여 성 **삼위일체** 우리 주로다 찬송가 9장 1절.
> 성 **삼위일체**께 한없는 찬송을 드립니다……찬송가 34장 4절.

우리가 하나님을 예배할 때 드리는 찬송가 가사들입니다. 이 가사들은 우리 그리스도인들이 섬기고 예배하는 궁극적인 절대자가 바로 '삼위일체' 하나님이심을 보여 줍니다. 성부와 성자와 성령 삼위일체 하나님은 온 우주와 만물을 창조하시고 다스리시는 만유의 주재이십니다. 삼위일체 하나님보다 더 위에 있는 분도 없거니와 삼위일체 하나님 배후에는 그 어떤 절대자도 존재하지 않습니다. 삼위일체 하나님은 존재하는 모든 만물의 근원이시며 통치자가 되십니다. 우리 그리스도인들은 예배와 삶의 현장에서 그 사실을 믿고 고백하는 사람들입니다.

우리가 믿고 고백하며 섬기고 예배하는 '삼위일체' 하나님은 기독교와 모든 다른 종교들을 뚜렷이 구별해 줍니다. 다시 말해, 삼위일체 하나님을 섬기고 예배하는 것은 기독교의 많은 특징 가운데 기독교의 '유일성'과 깊은 관련이 있습니다. 다른 종교들과 비교해서 기독교를 절대적으로 독특하고 유일한 진리가 되게 하는 것은, 바로 우리 그리스도인들이 삼위일체 하나님을 예배하고 섬긴다는 사실입니다.

오늘날 소위 종교 다원주의자들은 모든 종교가 기본적으로 동일한 것을 가르친다고 주장합니다. 그리고 모든 종교가 궁극적인 진리와 구원에 이르는 동등한 길이라고 말합니다. 하지만 우리 그리스도인들은 그들의 주장을 받아들일 수 없습니다. 그것은 오직 기독교 신앙만이 성부·성자·성령 삼위일체 하나님을 믿고 경배하기 때문입니다.

물론 기독교와 같이 절대적인 인격자를 신봉하는 다른 종교들이 있습니다. 이슬람교가 그 대표적인 예입니다. 무슬림들은 그들이 신봉하는 알라신을 궁극적인 절대자라고 믿습니다. 그러나 우리가 반드시 기억해야 할 것은 이슬람교에서 신봉하는 알라신은 단일 인격적인 신인 반면, 우리가 믿고 고백하는 하나님은 성부·성자·성령의 삼인격적三人格的 신이라는 사실입니다.

이 점에서 기독교와 이슬람교는 근원적으로 다를 수밖에 없습니다. 기독교와 이슬람교 둘 중 하나만 진리이든지 아니면 둘 다 진리가 아닐 수는 있어도, 이 둘이 동일하게 진리일 수는 없습니다. 만약 기독교와 이슬람교 둘 다 동시에 진리라면, 서로 모순되고 상충되는 두 주장이 동일하게 참일 수 없다는 기본 논리와 상식이 허물어지게 됩니다. 우리 그리스도인들은 기독교만이 절대 유일한 진리라고 믿습니다. 따라서 이슬람교는 결국 거짓에 불과합니다.

그런데 오늘날 많은 그리스도인들은 삼위일체 하나님에 대해서 대체로 무관심한 것 같습니다. 여러 가지 이유가 있겠지만, 삼위일체라는 말이 무엇을 뜻하는지 이해가 쉽지 않다는 게 가장 큰 이유일 것입니다. 대체로 삼위일체를 '3이 1이요 1이 3'인 수학적 수수께끼나 미스터리로 여깁니다. 또는 '하나님은 한 분이시면서 동시에 세 분'이시라는 삼신론적인 이해를 합니다. 하지만 이런 이해조차 없이 삼위일체라는 말만 들어도 머리가 복잡해지고 혼란스러워하는 사람들이 훨씬 더 많습니다.

그렇다고 해서 삼위일체론을 그냥 덮어 두는 것이 과연 바람직한 자세일까요? 그렇지 않습니다. 삼위일체 하나님에 대한 진리야말로 기독교의 본질 중의 본질에 속한 것이기 때문입니다. 하나님의 삼위일체성을 바르게 이해하지 못하고는, 하나님에 대한 깊은 지식도, 하나님과의 인격적인 친밀한 사귐도 사실상 불가능합니다. 삼위일체 하나님에 대한 통전적인 이해와 경험은 우리 그리스도인의 신앙생활에 필수적입니다. 이해하기 어렵다고, 머리를 혼란스럽게 한다고 해서 그냥 덮어 둘 수 없습니다. 또 그렇게 해서도 안 됩니다. 기독교의 핵심이 바로 삼위일체 하나님에 대한 진리 안에 있기 때문입니다.

이 책은 이런 문제의식을 바탕으로 모든 그리스도인이 삼위일체 하나님에 대한 깊고 넓은 이해를 갖도록 돕기 위해 집필한 것입니다. 특히 삼위일체론 자체가 일반 성도들이 이해하기에는 다소 어렵다는 사실을 심각하게 고민하면서 글을 썼습니다. 그래서 모든 그리스도인이 쉽게 이해할 수 있도록 최대한 눈높이를 맞추어 서술했습니다.

이 책은 크게 두 부분으로 나뉩니다. 1부에서는 삼위일체 신학을, 2부에서는 삼위일체 영성을 다룹니다. 1부에서는 우선 '삼위일체'의 뜻을 쉽게 풀어서 설명하고, 삼위일체 하나님에 대한 성경적 증거를 살펴보았습니다. 이는 삼위일체 하나님이 성경 밖에서 인위적으로 고안된 어떤 철학적 개념이 아니라, 하나님의 말씀이 일관되게 계시하고 증거하는 유일하신 참 하나님이심을 밝히기 위함입니다. 그리고 주후 5세기까지 삼위일체 하나님에 대한 정통 교리가 확립되는 과정을 역사적으로 짚어 보았습니다. 이러한 성경적·역사적 해설에 기초해서 삼위일체론의 뼈대가 되는 신학적 요점들을 제시하고자 합니다.

삼위일체 신학에 대해 아무리 매끈하게 설명했다고 해도 거기에서 끝나 버리면 우리 그리스도인의 삶에 변화를 가져다줄 수 없습니다. 그렇기 때문에 2부에서는 21세기 신학계의 화두가 되고 있는 영성spirituality에 대해 다루고자 합니다. 영성의 뜻을 설명하고, 기독교 영성이 무엇인지 살펴봅니다. 기독교 영성과 삼위일체 영성의 관계를 정립하고, 삼위일체 영성의 구체적인 모습을 다룹니다. 그리고 삼위일체 영성을 우리 삶의 각 영역에서 어떻게 체현하고 구현할 것인지 구체적인 실례를 제시하면서 해설하고자 합니다.

저는 삼위일체 영성이 우리 삶에서 구현되면, 오늘날의 교회와 그리스도인들이 생활 가운데서 경험하는 많은 신앙과 삶의 문제들을 해결할 수 있다고 믿습니다. 왜냐하면 삼위일체 영성이야말로 하나님의 존재 방식과 삶의 방식에 뿌리박은 영성이기 때문입니다.

우리는 삼위 하나님께서 어떤 관계 속에서 존재하시는지 바르게 이해해야 합니다. 삼위 하나님께서 어떤 방식으로 삶을 영위하시는지 밝히 이해해야 합니다. 그럴 때에 우리는 하나님·타인·세계와 어떤 관계를 맺으며 살아야 하는지, 그리고 어떤 방식으로 삶을 영위해야 하는지에 대한 근원적인 지혜를 얻을 수 있습니다.

부디 이 책이 살아 계신 삼위일체 하나님에 대한 깊은 지식과 경험을 얻는 데에, 그리고 많은 형제와 자매들이 그들의 삶 속에서 삼위일체 영성을 체현하는 데에 적게나마 공헌할 수 있기를 바랍니다.

2007년 정월 초하루
덴버신학교에서

1부 삼위일체 신학

Trinitarian Theology and Spirituality

1. '삼위일체'란 무슨 뜻인가요?
2. 성경에는 삼위일체라는 말이 **없는**데요?
3. 삼위일체 교리는 어떻게 **확립**되었나요?
4. 삼위일체론은 어떻게 **전개**되었나요?
5. 삼위일체 신학의 **핵심**은 무엇인가요?

1. '삼위일체'란 무슨 뜻인가요

여러분은 삼위일체라는 말을 언제 처음으로 접하셨습니까? 제 경우는 중학생이 되어 어른 예배에 참석하면서, 특히 어른 예배 때 사용하던 찬송가 가사를 통해서 삼위일체라는 말을 처음 접한 것으로 기억합니다. 그중에서도 찬송가 9장 "거룩 거룩 거룩"이라는 찬송이 큰 역할을 했던 것 같습니다.

거룩 거룩 거룩 자비하신 주여 성 **삼위일체** 우리 주로다[1절].

돌이켜 보면, 그때 저는 삼위일체라는 말을 이해하지 못하고 있었습니다. 아니, 이해해 보려는 시도조차 하지 않았던 것 같습니다. 그냥 가사에 있는 대로 찬송을 따라 했을 뿐입니다. 뜻은 알지 못한 채 '삼위일체'라는 단어는 신학적 용어이고 우리가 섬기는 하나님을 숭앙하는 데에 사용하는 신비로운 단어일 거라는 생각만 어렴풋이 가지고 있었습니다.

저 스스로 삼위일체가 무엇을 뜻하는지 의문을 갖게 된 것은 고등부 때였습니다. 그러나 이때에도 막연하게 '삼위일체라는 말이 무슨 뜻일까?'라고 스스로에게 물어본 것이지, 목사님이나 신앙 선배들에게 따져 물어서라도 꼭 답을 들어야겠다고는 생각지 않았습니다. 삼위일체라는 용어가 제 삶의 실존적 문제로 다가오지 않았기 때문일 것입니다.

대학에 들어가면서 저는 칼빈주의 개혁신학에 심취하게 되었습니다. 개혁신학의 원조인 존 칼빈John Calvin의 《기독교강요》를 읽기 시작했고, 윌리엄 퍼킨스William Perkins나 존 오웬John Owen 같은 청교도들의 언약신학에 매료되었습니다. 뉴잉글랜드의 청교도 신학자 조나단 에드워즈Jonathan Edwards, 구 프린스턴의 찰스 하지Charles Hodge, 벤자민 워필드Benjamin Warfield, 코넬리우스 반틸Cornelius Van Til, 네덜란드에서 신칼빈주의운동을 이끌었던 아브라함 카이퍼Abraham Kuyper, 헤르만 바빙크Herman Bavinck, 베르카워G. C. Berkouwer, 미국에서 신칼빈주의운동을 이끌었던 루이스 벌콥Louis Berkhof 등의 저작들을 열심히 읽었습니다.

개혁신학자들의 책을 읽으면서 저는 삼위일체의 중요성에 눈뜨기 시작했습니다. 그러나 이때까지도 삼위일체론을 양태론적으로 이해하고 있었습니다. 그것은 한 분 절대자 하나님이 계신데 이 한 분 하나님이 역사 속에서 세 가지의 양태mode로 나타나 일하신다는 생각이었습니다. 다시 말하면, 한 분 하나님이 세 가지 역할을 갖고 구원 역사 과정을 통해서 자신을 나타내신다는 이해였습니다. 비유컨대 어떤 연극배우가 연극을 공연하면서 세 가지 역할을 맡아서 하는 것과 같은 개념으로 '삼위일체'를 이해했던 것입니다. 그 당시 제게 영향을 주셨던 목사님 중 한 분은 이렇게 설명하셨습니다.

"한 사람이 있는데 그가 부모님 앞에서는 아들이 되고, 자녀들 앞에서는 아버지가 되고, 아내 앞에서는 남편이 되는 것처럼, 하나님도 세 가지 기능과 역할을 갖는다."

그러나 지금 돌이켜 보면, 이러한 양태론적 이해는 분명 잘못된 것입니다. 하지만 그 당시에는 양태론적 설명이 삼위일체 교리에 대한 성경적 이해와는 차이가 있을 거라고 막연히 생각했을 뿐, 어떤 차이가 있는지, 그리고 그 차이를 어떻게 설명해야 되는지에 대해서는 정확한 판단을 하지 못했습니다.

하버드 대학 신학부에 진학해 신학을 정식으로 공부하면서 저는 다양한 복음주의자들의 저작들을 읽을 수 있었습니다. 존 스토트John Stott, 제임스 패커James Packer, 도널드 블뢰쉬Donald Bloesch, 알리스터 맥그래스Alister E. McGrath 등의 책을 열심히 읽었는데, 특히 영국 옥스퍼드 대학의 알리스터 맥그래스 교수님의 저작들에 크게 매료되었습니다. 특히 맥그래스 교수님이 평신도를 위해 쓴 삼위일체에 대한 책을 읽으면서 삼위일체에 대해 새롭게 이해할 수 있었습니다. 삼위일체란 '3이 1이요 1이 3'이란 식의 수학적 퍼즐이 아님을 깨닫기 시작한 것입니다. 더 나아가 삼위일체란, 한 분 하나님이 성부·성자·성령, 이 삼인격의 통일체로서 존재하심을 뜻하고 있음을 알기 시작했습니다. 그때부터 지금까지 약 15년간, 삼위일체는 제게 주요한 신학적 관심사가 되어 왔습니다.

성경을 살펴보면, 부활하신 주님께서 승천하시기 직전에 제자들에게 이렇게 말씀하십니다.

> 하늘과 땅의 모든 권세를 내게 주셨으니 그러므로 너희는 가서 모든 족속으로 제자를 삼아 아버지와 아들과 성령의 이름으로 세례를 주고
> 마 28:18-19

이 말씀을 통해서 주님은 아버지와 아들과 성령, 이 삼위가 일체임을 가르치셨습니다. 성경 원문을 보면 "이름으로" in the name of 라는 말이 복수형이 아니라 단수형으로 사용되었는데, 이는 결국 아버지와 아들과 성령의 구별된 삼위가 계시지만, 이 삼위가 한 분 하나님으로 존재하심을 뜻합니다. 더더욱 중요한 것은 아버지와 아들과 성령의 이름으로 세례를 주라고 명하심으로써 주님께서는 우리 그리스도인들이 예배하고 경배하는 하나님이 삼위일체 하나님이심을 선언하신 것입니다.

그러면 조금 더 구체적으로 삼위일체가 무엇을 뜻하는지 살펴보겠습니다. 우선 삼위일체라는 말을 한자로 옮기면 '三位一體'가 됩니다. 여기서 '삼위'라는 것은 세 위격이 있음을 뜻합니다. '위격' person 이란 지·정·의를 갖추고 있으면서 다른 인격체와 관계를 맺을 수 있는 '인격적 존재'를 의미합니다. 그리고 '일체'는 하나의 통일체, 하나의 본체, 또는 하나의 존재가 있음을 뜻합니다. 간단히 말해서 '세 위격이 일체를 이룬다' 혹은 '한 본체에 세 위격이 있다'는 말입니다. 종합하면, '삼위일체 하나님의 각 삼위가 동일한 하나의 신적 본질을 공유한다'는 말로 표현할 수 있습니다.

그러므로 우리는 양태론을 받아들일 수 없습니다. 양태론자들은 한 하나님이 존재하시고, 그 한 분 하나님이 역사 속에서 세 가지 양태를 가지고 일하신다고 주장합니다. 한 분 하나님이 세 가지 역할을 수행하신다고 보는 것입니다. 양태론의 주장대로라면, 결국 성자 예수께서 성부 하나님께 기도하신 것은 '원맨쇼'에 불과한 것이 됩니다. 그게 아니라면 성자가 성부께 기도한다는 것 자체가 어불성설이 됩니다. 아들의 '역할'이 어떻게 아버지의 '역할'에게 기도할 수 있습니까? 기도는 인격적인 행위입니다. 한 인격적 존재가 다른 인격적 존재에게 기도할 수 있을 뿐입니다. '역할'이란 말은 비인격적 추상명사입니다. 한 역할이 다른 역할에게 기도한다는 것은 '네모난 삼각형'과 같이 말이 안 되는 것입니다. 이런 맥락에서 본다면, 성자 예수께서 성령을 다른 보혜사로 부르신 것 역시 의미 없는 말장난에 불과합니다. 어떻게 하나의 양태나 역할이 다른 양태나 역할을 인격자로 부를 수 있습니까?

우리는 또한 삼신론tritheism도 받아들일 수 없습니다. 삼신론은 성부도 하나님, 성자도 하나님, 성령도 하나님이시기에, 한 분 하나님이 계신 것이 아니라 세 분의 하나님'들'이 개별적인 존재로 분리되어 계신다고 믿는 이론입니다. 하지만 성경은 창세기에서 요한계시록에 이르기까지 일관되게 하나님은 한 분이심을 강조하고 있습니다. 기독교 신앙은 유일신 신앙입니다. 세 위격이 있을지라도, 세 신들이 있는 것은 절대로 아닙니다.

결론적으로 하나님께서 삼위일체라는 말은 다음과 같이 정의할 수 있습니다.

"하나님은 성부·성자·성령 세 위격의 통일체이다. 성부·성자·성령은 각각 구별된 인격이시나 이 삼위는 동일한 신적 본질을 소유하고 계시며, 영광과 존귀와 능력 면에서 동등하시되, 세 분의 하나님들이 계신 것이 아니라 한 분 하나님이 계신다."

여기서 통일체라는 말이 매우 중요합니다. 예를 들어 보겠습니다. 우리 그리스도인은 삼위일체 하나님의 각 위격을 따로따로 부를 수 있습니다. 특별히 기도할 때에 "아버지여, 우리의 죄를 용서하여 주소서", "주 예수님, 우리와 함께 하여 주소서", "성령이여, 우리에게 충만하여 주소서"라고 할 수 있습니다. 하지만 꼭 기억해야 할 것은, 우리가 각각의 위격을 따로 부르며 기도할 때에도 사실상은 삼위 하나님을 함께 부르고 있다는 것입니다. 다시 말하면, 우리가 "아버지여"라고 할 때, 아버지를 특정적으로 부르지만, 아들과 성령이 항상 아버지와 함께 통일체로 계시기 때문에 결과적으로 세 위격을 부르는 셈입니다.

이와 함께 잊지 말아야 할 것은 각 위격에게 독특한 사역이 있다는 점입니다. 예를 들어, 온 우주와 만물을 창조하신 이는 성부 하나님이십니다. 성자와 성령이 이 창조사역에 동참하시지만, 창조는 성부의 독특한 사역으로 돌려집니다. 또한 이 땅에 사람의 몸을 입고 오셔서 우리를 위하여 일하시고, 십자가에 죽으시고, 부활하심으로 구속을 완성한 위격은 삼위일체의 제2위격인 성자이십니다. 성부와 성자와 성령이 항상 함께 구속사역에 참여하시지만, 그렇다고 해서 성부와 성령이 성자와 함께 성육신하신 것은 아닙니다. 성자가 완성한 구속사역을 죄인들과 피조물들에게 적용하시는 위격은 성령이십니다. 물론 이 사역에도 성부와 성자가 동참하시지만, 죄인을 중생시켜 새사람이 되게 하고, 성화되게 하며, 견인하게 하시는 일은 독특하게 성령의 사역으로 돌려집니다.

그러므로 우리 그리스도인은 한 위격을 생각할 때에도 세 위격을 동시에 생각하는 지혜가 필요하고, 세 위격을 함께 생각할 때에도 각 위격의 독특한 사역을 생각하는 지혜가 필요합니다. 이러한 지혜는 하나님의 계시의 말씀인 성경을 깊이 연구하고 묵상함으로만 가능한 일입니다.

Note

중요 용어

삼위일체 Trinity 한 분 하나님이 성부·성자·성령 세 위격의 통일체로 존재하심 또는 성부·성자·성령 세 위격의 통일체가 한 분 하나님이심을 표현하는 신학적 용어.

위격 person 지정의를 갖추고 다른 인격체와 관계를 맺을 수 있는 인격적 존재를 뜻함. 한 분 하나님을 구성하고 있는 아버지와 아들과 성령을 지칭하는 신학적 용어. 주후 2세기 라틴 교부 터툴리안 Tertullian, 160-225이 페르조나 persona라는 단어를 처음으로 사용하여 위격을 지칭하였다. 영어로는 'person'으로 표현된다.

양태론 modalism 한 분 하나님 안에 구별된 세 위격이 존재하는 것이 아니라 한 분 하나님이 역사 속에서 세 가지 양태로 나타나 세 가지 역할을 감당한다고 보는 이단적 이론. 대표적 주창자인 사벨리우스 Sabellius의 이름을 따서 사벨리안주의 Sabellianism라고 부르기도 한다. 하나님을 삼인격적 신으로 보지 아니하고 단일 인격적 신으로 봄.

삼신론 tritheism 한 분 하나님이 세 위격의 통일체로 존재하신다고 보지 않고 성부·성자·성령이 분리된 세 분의 하나님들이라고 믿는 이단적 이론.

토론 문제

1. 언제 처음으로 삼위일체라는 용어를 접했습니까? 그동안 삼위일체 하나님에 대해 어떤 인상을 갖고 있었나요?
2. 한 분 하나님이 세 위격의 통일체로 존재하신다는 말은 무슨 뜻인가요? 하나님께 세 위격이 있는데 어떻게 '세 분 하나님들'이 아닌 '한 분 하나님'이 존재할 수 있을까요?
3. 삼위일체 하나님을 거부하는 이단적인 이론들과 단체들에 대해 이야기해 봅시다.

2. 성경에는 삼위일체라는 말이 없는데요?

　삼위일체의 개념을 알고 나서도 우리는 심각한 문제에 직면하게 됩니다. 하나님이란 말은 성경에 너무나 자주 나오는데, 삼위일체라는 말은 성경에 나오지 않기 때문입니다. 정통 기독교회는 지난 2,000년 동안 하나님의 삼위일체성을 고백해 왔습니다. 하지만 성경에서는 삼위일체라는 말을 찾아볼 수 없습니다.

　삼위일체론을 반대해 온 사람들은 이를 이용해 '삼위일체'라는 말이 하나님의 계시인 성경 밖에서 인위적으로 만들어진 철학적 개념일 뿐이라고 주장합니다. 삼위일체는 하나님에 대한 성경의 가르침과 무관하다는 것입니다. 어떤 극단적인 반反삼위일체론자들은 '삼위일체'라는 단어가 마귀와 지옥에서 유래된 것이라고 주장하기도 했습니다. 왜냐하면 삼위일체의 이름으로 수많은 반삼위일체론자들이 핍박과 고문과 죽음을 당했기 때문입니다.

　하지만 삼위일체라는 단어가 성경에 나오지 않는다고 해서 그 단어를 사용하는 것조차 부당한지는 생각해 보아야 할 문제입니다. 만일 삼위일체가 성경의 계시와 일치되게 하나님의 정체성과 모습을 표현해 낼 수 있다면, 과연 그 단어를 사용하는 것을 부당하다고 정죄할 수 있을까요? 정통 교회의 대다수 신학자들은 '삼위일체'라는 단어가 비록 성경에 들어 있지는 않다고 해도, 성경에 계시된 하나님의 모습을 바르게 표현한다는 점에 동의하고 있습니다. 그렇다면 삼위일체라는 단어를 사용하는 것을 부당하다고 정죄할 도리는 없습니다.

예수님의 신성에 대한 자기주장

하나님의 삼위일체성에 대한 신학적 고민을 촉발시킨 것은 다름 아닌 예수님의 자기주장이었습니다. 예수님은 "나와 아버지는 하나이니라"^{요 10:30}고 말씀하심으로 자신이 성부와 동등한 신성을 가진 분이시라고 주장하셨습니다. 이 말을 들은 유대인들은 "선한 일을 인하여 우리가 너를 돌로 치려는 것이 아니라 참람함을 인함이니 네가 사람이 되어 자칭 하나님이라 함이로라"^{요 10:33}라며 분개했습니다. 당시 유대인들은 예수님을 믿지 않았지만 예수님의 주장이 무엇을 의미하는지는 바르게 이해했던 것입니다. 예수님은 당신이 바로 성부 하나님과 동등한 분이시라고 말씀하고 계셨던 것입니다. 분개하는 유대인들을 향해 주님은 "아버지께서 거룩하게 하사 세상에 보내신 자가 나는 하나님 아들이라 하는 것으로 너희가 어찌 참람하다 하느냐 만일 내가 내 아버지의 일을 행치 아니하거든 나를 믿지 말려니와 내가 행하거든 나를 믿지 아니할지라도 그 일은 믿으라 그러면 너희가 아버지께서 내 안에 계시고 내가 아버지 안에 있음을 깨달아 알리라"요 10:36-38고 말씀하셨습니다. 이 말씀 역시 성부 하나님과 자신이 일체가 되심을 증거한 것입니다.

우리 주님께서 자신을 하나님 아버지와 동등시하신 실례들은 수없이 많습니다. 유대인들이 묻습니다.

"네가 아직 오십도 못 되었는데 아브라함을 보았느냐?"요 8:57

이에 대한 예수님의 대답은 유대인들을 당혹스럽게 했습니다.

"진실로 진실로 너희에게 이르노니 **아브라함이 나기 전부터 내가 있느니라**"요 8:58.

이로써 주님은 당신이 시간을 초월한 영원하신 분, 즉 신성을 가지신 분임을 증거하신 것입니다. 이 말을 들은 유대인들은 스스로를 하나님이라고 하는 예수님이 신성모독죄를 저질렀다고 판단하고, 주님을 돌로 치려고 했습니다. "내가 있느니라"라는 말은 헬라어로 '에고 에이미'*Ego Eimi*, 영어로는 'I Am'입니다. 여기서 'I Am'은 모세에게 나타나신 여호와 하나님이 "나는 스스로 있는 자니라"*I Am Who I am*고 자신을 소개할 때 사용하신 말입니다. 그래서 예수님이 이 말을 사용하셨을 때 유대인들은, 예수님이 자신을 여호와와 동등한 분이시라고 여기신다는 것을 알아 챌 수 있었던 것입니다.

요한복음 12장 44-45절에서 주님은 "나를 믿는 자는 나를 믿는 것이 아니요 나를 보내신 이를 믿는 것이며 나를 보는 자는 나를 보내신 이를 보는 것이니라"고 말씀하십니다. 즉, 성자 예수님을 믿는 것이 성부 하나님을 믿는 것이고, 성자 예수님을 보는 것이 성부 하나님을 보는 것이라고 말씀하신 것입니다. 주님은 의도적으로 자신과 성부 하나님을 동등한 존재로 자주 묘사하셨습니다.

요한복음 14장을 보면, 제자 빌립이 성부 하나님을 보여 달라고 요청

하는 장면이 나옵니다. "주여 아버지를 우리에게 보여 주옵소서 그리하면 족하겠나이다" 요 14:8.

그러자 주님이 대답하십니다.

"빌립아 내가 이렇게 오래 너희와 함께 있으되 네가 나를 알지 못하느냐 나를 본 자는 아버지를 보았거늘 어찌하여 아버지를 보이라 하느냐 나는 아버지 안에 있고 아버지는 내 안에 계신 것을 네가 믿지 아니하느냐 내가 너희에게 이르는 말이 스스로 하는 것이 아니라 아버지께서 내 안에 계셔 그의 일을 하시는 것이라" 요 14:9-10.

이 말씀 역시 성자 예수님을 본 사람은 성부 하나님을 본 것이고, 아버지와 아들은 상호 내주와 연합의 관계 속에서 존재하심을 가르쳐 주고 있습니다.

예수님의 신성에 대한 신약성경의 증거

성부 하나님과 자신을 동등시하시는 성자 예수님의 자기주장과 더불어 우리는 신약성경에서 예수님이 하나님이심을 증거하는 구절들을 발견하게 됩니다. 대표적인 말씀이 요한복음 1장 1절입니다.

> 태초에 말씀이 계시니라 이 말씀이 하나님과 함께 계셨으니 이 말씀은 곧 하나님이시니라.

사도 요한은 예수 그리스도를 태초에 성부 하나님과 함께 계셨던 말씀, 즉 '로고스'라고 묘사합니다. 그러면서 "이 말씀은 곧 하나님"이라고 증거함으로써 성자 하나님이 성부 하나님과 동등한 신성을 소유하신 분이시라고 말씀하고 있습니다. 이어서 2-3절은 성자 예수님이 하나님과 동등한 창조주이심을 증거합니다.

> 그가 태초에 하나님과 함께 계셨고 만물이 그로 말미암아 지은 바 되었으니 지은 것이 하나도 그가 없이는 된 것이 없느니라.

즉, 성자 예수님 역시 창조주이시기에 성부 하나님과 동등한 분이시라는 선언입니다. 이어서 14절은 영원하신 말씀인 성자 하나님이 사람의 몸을 입고 성육신하셨음을 선포합니다.

> 말씀이 육신이 되어 우리 가운데 거하시매 우리가 그 영광을 보니 아버지의 독생자의 영광이요 은혜와 진리가 충만하더라.

말씀이 육신이 되셨다는 말은 성자 하나님께서 인간의 몸을 입으시고 사람의 모양으로 이 땅에 오셨다는 뜻입니다. 사도 요한은 성육신하신 예수 그리스도의 영광이 아버지 하나님의 독생자의 영광이라고 증거합니다.

이와 더불어 예수님의 신성에 대한 아주 명백한 증거는 사도 도마의 고백입니다. 도마는 의심이 많은 사람이었습니다. 그래서 그는 예수님이 부활하셨다는 동료들의 말을 믿을 수 없었습니다. 그는 "내가 그 손의 못자국을 보며 내 손가락을 그 못자국에 넣으며 내 손을 그 옆구리에 넣어 보지 않고는 믿지 아니하겠노라" 요 20:25라고 말했습니다. 부활하신 예수님은 도마에게 오셔서 "네 손가락을 이리 내밀어 내 손을 보고 네 손을 내밀어 내 옆구리에 넣어 보라 그리하고 믿음 없는 자가 되지 말고 믿는 자가 되라" 요 20:27고 말씀하셨습니다. 그러자 도마는 "나의 주시며 나의 하나님이시니이다" 요 20:28라고 고백했습니다. 도마의 이 고백은 부활하신 예수 그리스도가 만유의 주재시며, 성부 하나님과 동등한 신성을 가지신 분임을 인정하는 고백이었습니다.

만일 예수님 자신이 주님이자 하나님이 아니시라면, 예수님은 반드시 도마의 고백을 수정해 주셨어야 합니다.

"도마야, 아니다. 나는 너의 주도, 하나님도 아니다."

하지만 예수님은 도마의 고백을 말없이 그대로 수용하심으로써 당신 스스로 하나님과 주님 되심을 인정하셨습니다. 그런 의미에서 도마의 이 고백과, 예수님이 도마의 고백을 수용하신 것은 예수님이 성부 하나님과 동등한 신성을 가지신 하나님의 아들이심을 가장 극명하게 보여 줍니다. 이 사건을 기술한 직후 사도 요한은 "오직 이것을 기록함은 너희로 예수께서 하나님의 아들 그리스도이심을 믿게 하려 함이요 또 너희로 믿고 그 이름을 힘입어 생명을 얻게 하려 함이니라" 요 20:31라고 증거하고 있습니다. 예수님은 하나님의 아들이시기에 성부 하나님과 동등한 신성을 가지신 분이시라는 것을 선언하고 있는 것입니다.

사도 바울은 로마서를 통해 죄인을 은혜로 구원하시는 하나님의 역사를 자세하게 기술합니다. 특별히 9장 5절을 통해서 예수님이 하나님이심을 증거합니다.

조상들도 저희 것이요 육신으로 하면 그리스도가 저희에게서 나셨으니 저는 만물 위에 계셔 세세에 찬양을 받으실 하나님이시니라 아멘.

또한 빌립보서 2장 5-6절, 골로새서 2장 9절, 디도서 2장 13절을 통해서도 예수님이 하나님이심을 증거합니다.

> 너희 안에 이 마음을 품으라 곧 그리스도 예수의 마음이니 그는 근본 하나님의 본체시나 하나님과 동등됨을 취할 것으로 여기지 아니하시고 빌 2:5-6.
> 그 안에는 신성의 모든 충만이 육체로 거하시고 골 2:9.
> 복스러운 소망과 우리의 크신 하나님 구주 예수 그리스도의 영광이 나타나심을 기다리게 하셨으니 딛 2:13.

특별히 디도서 말씀에서 중요한 것은 바울이 '하나님과 구주이신 예수 그리스도'의 영광을 말하고 있는 것이 아니라, '하나님이자 동시에 구주이신 예수 그리스도'의 영광에 대해 말하고 있다는 점입니다. 또한 히브리서 기자는 1장 8절에서 다음과 같이 증거합니다.

> 아들에 관하여는 '**하나님이여 주의 보좌가 영영하며 주의 나라의 홀은 공평한 홀이니이다.**'

이 구절은 히브리서 기자가 아들을 하나님으로 불렀다는 사실을 분명히 드러냅니다.

사도 요한은 요한일서 5장 20절에서 "또 아는 것은 하나님의 아들이 이르러 우리에게 지각을 주사 우리로 참된 자를 알게 하신 것과 또한 우리가 참된 자 곧 그의 아들 예수 그리스도 안에 있는 것이니 그는 참 하나님이시요 영생이시라"라고 증거합니다.

위에서 살펴본 대로 신약성경은 예수 그리스도를 하나님으로 부르는 데에 주저하지 않습니다.

하나님은 한 분이신가, 두 분이신가?

하나님이 한 분이시라는 계시와 증거와 고백은 신구약 성경 전체에 걸쳐 나타납니다. 가장 대표적인 말씀은 신명기 6장의 쉐마 구절입니다.

> 이스라엘아 들으라 우리 하나님 여호와는 오직 하나인 여호와시니 너는 마음을 다하고 성품을 다하고 힘을 다하여 네 하나님 여호와를 사랑하라 신 6:4-5.

'The Lord is One'이라는 고백은 구약성경의 계시와 구약시대 유대 백성들의 신앙고백의 중핵이었습니다. 유일신 사상을 강조하는 이사야 45장 5-6절 역시 하나님만이 유일하신 한 분이심을 선포합니다.

> 나는 여호와라 나 외에 다른 이가 없나니 나 밖에 신이 없느니라 너는 나를 알지 못하였을지라도 나는 네 띠를 동일 것이요 해 뜨는 곳에서든지 지는 곳에서든지 나 밖에 다른 이가 없는 줄을 무리로 알게 하리라 나는 여호와라 다른 이가 없느니라.

하지만 유대인들은 하나님은 한 분이시라는 유일신 사상을 예수님이 성부 하나님과 동등하시다는 계시와 모순되게 보았습니다. 만일 예수님도 성부 하나님과 동등하신 신성을 가지신 분이라면 결국 하나님은 한 분이 아니라 두 분일 수밖에 없다는 것이 초기 기독교를 반대하고 핍박하는 유대교인들의 결론이었습니다. 기독교 신앙은 구약의 가르침에 기초한 유일신론에서 벗어나 다신론으로 나아간다고 생각했습니다. 그렇기 때문에 기독교는 이단일 수밖에 없다는 것입니다. 이러한 유대교의 비난에 대해서 교회는 성자 예수님이 성부 하나님과 동등하신 신성을 소유하시지만, 두 분의 하나님'들'이 계신 것이 아니라 오직 한 분 하나님이 계시다는 사실을 설득력 있게 변증해야 할 도전에 직면하게 되었습니다.

하지만 예수님의 자기주장과 사도들의 증언은 성자 예수님이 성부 하나님과 동등한 신성을 가지신 분임을 분명하게 확인해 주었습니다. 그래서 "성자 예수님과 성부 하나님이 구별된 분임에도 불구하고 '어떻게' 두 분 하나님이 계신 것이 아니라 한 분 하나님이 계신가"라는 질문이 초대교회의 신학적 화두가 되었습니다.

그런데 문제는 여기서 멈추지 않았습니다. 십자가에 못박혀 죽으시고 부활하시기 전 주님은 성령을 소개하셨습니다. 성령을 소개하시면서 주 예수님은 "내가 아버지께 구하겠으니 그가 **또** 다른 보혜사를 너희에게 주사 영원토록 너희와 함께 있게 하시리니 저는 **진리의 영**"요 14:16-17이라고 말씀하셨습니다. "또 다른 보혜사"란 또 다른 '옹호자'Advocate, '위로자'Comforter, '후원자'Supporter, '돕는 이'Helper를 의미합니다. 그리고 "저는 진리의 영"이라고 하실 때 삼인칭대명사를 사용함으로써 성령의 인격성을 확증하셨습니다.

그리고 얼마 후, 예수님이 부활 승천하신 다음 오순절에 성령이 강림하셨습니다. 초대교회는 하늘보좌 우편에 앉으신 예수 그리스도를 성령을 통해 계속해서 경험할 수 있었습니다. 예수 그리스도께서 성령 안에 영원히 내주해 계시기 때문이었습니다. 성령의 역사를 경험하면서 교회는 성령도 역시 신성을 가지신 분임을 확인하게 되었습니다.

사도행전 5장에서 사도 베드로는 아나니아와 삽비라가 성령을 속인 것이 곧 하나님께 거짓말한 것이라고 말합니다.

> 베드로가 가로되 아나니아야 어찌하여 사단이 네 마음에 가득하여 네가 성령을 속이고 땅 값 얼마를 감추었느냐 땅이 그대로 있을 때에는 네 땅이 아니며 판 후에도 네 임의로 할 수가 없더냐 어찌하여 이 일을 네 마음에 두었느냐 사람에게 거짓말한 것이 아니요 하나님께로다 행 5:3-4.

사도 바울 역시 고린도후서 3장 17-18절에서 성령을 '주님'이라고 묘사함으로써 성령의 신성을 증거했습니다.

> 주는 영이시니 주의 영이 계신 곳에는 자유함이 있느니라 우리가 다 수건을 벗은 얼굴로 거울을 보는 것같이 주의 영광을 보매 저와 같은 형상으로 화하여 영광으로 영광에 이르니 곧 주의 영으로 말미암음이라.
> Now the Lord is the Spirit, and where the Spirit of the Lord is, there is freedom. And we, who with unveiled faces all reflect the Lord's glory, are being transformed into his likeness with ever-increasing glory, which comes from the Lord, who is the Spirit.
> -NIV

이 구절을 좀더 원문에 맞게 번역하면 "주는 성령이시니……성령이신 주님으로 말미암음이라"라고 할 수 있습니다. 사도 바울은 성령이 바로 주님이시라고 선언함으로써 성령의 신성을 확증하고 있습니다.

성부 하나님뿐만 아니라 성자 예수님, 그리고 성령 하나님의 개별적 인격성과 온전한 신성을 경험한 사도들은 신약성경 서신서에서 삼위를 동일한 맥락에서, 동시에 자주 언급합니다. 대표적인 것이 바로 사도 바울이 쓴 에베소서 1장 3-14절입니다. 이 본문은 인류 구원이라는 하나님의 대역사를 성부 하나님의 구원 계획, 성자 예수님의 구원 성취, 보혜사 성령의 구원 적용이라는 주제로 묘사하고 있습니다. 다른 대표 구절은 에베소서 2장 18절입니다.

> 이는 저로 말미암아$^{through\ Christ}$ 우리 둘이 한 성령 안에서$^{in\ the\ Holy\ Spirit}$ 아버지께$^{to\ the\ Father}$ 나아감을 얻게 하려 하심이라.

이외에도 로마서 1장 1-4절, 14장 17-18절, 15장 16절, 고린도전서 2장 7-13절, 12장 4-6절, 고린도후서 1장 21-22절, 3장 3절, 3장 17절-4장 7절, 13장 13절, 갈라디아서 3장 11-14절, 4장 6절, 에베소서 2장 17-22절, 3장 2-6절, 14-19절, 4장 4-6절, 빌립보서 3장 3절, 골로새서 1장 6-8절, 데살로니가후서 2장 13-14절, 디도서 3장 4-6절 등에서 삼위를 동일한 맥락에서 동시에 언급합니다.

사도 바울뿐 아니라 사도 베드로도 삼위를 동시에 같은 맥락에서 언급합니다.

> 곧 하나님 아버지의 미리 아심을 따라 성령의 거룩하게 하심으로 순종함과 예수 그리스도의 피 뿌림을 얻기 위하여 택하심을 입은 자들에게 편지하노니 은혜와 평강이 너희에게 더욱 많을지어다$^{벧전\ 1:2}$.

베드로는 이 구절에서 보혜사 성령의 거룩하게 하심, 성자 예수님의 피 뿌림, 성부 하나님의 미리 아심을 함께 언급하고 있습니다. 이런 다양한 구절들을 통해서 소위 '삼위일체 공식'the triune formula이 정립되었습니다. 즉 "우리는 성령 안에서 성자를 통하여 성부께 나아간다"는 것입니다.

하나님은 한 분이신가, 세 분이신가?

또한 성부 하나님뿐만 아니라 성자 예수님 그리고 보혜사 성령의 신성과 인격성을 경험하면서 초대교회에서는 자연스럽게 하나님이 한 분이신지, 아니면 세 분이신지에 대한 신학적 질문들이 제기되었습니다. 그런데 놀라운 것은 신약성경이 일관되게 하나님은 한 분이시라는 사실도 반복적으로 확인하고 있다는 것입니다. 대표 구절은 사도 바울이 디모데에게 보낸 디모데전서 6장 15-16절입니다. 사도 바울은 이 구절에서 하나님이 한 분이심을 재천명했습니다.

> 기약이 이르면 하나님이 그의 나타나심을 보이시리니 **하나님은 복되시고 홀로 한 분이신** 능하신 자이며 만왕의 왕이시며 만주의 주시요 오직 그에게만 죽지 아니함이 있고 가까이 가지 못할 빛에 거하시고 아무 사람도 보지 못하였고 또 볼 수 없는 자시니 그에게 존귀와 영원한 능력을 돌릴지어다 아멘.

중요한 것은 이 서신을 기록할 당시 사도 바울은 이미 성자와 성령의 신성과 인격성을 동시에 경험하고 있었다는 사실입니다. 다시 말해, 사도 바울은 각 위의 신성과 인격성을 경험하는 맥락에서, 그러니까 하나님의 위격적 다양성과 복수성을 체험하는 맥락에서 하나님의 유일성과 단일성을 확언하고 있는 것입니다. 같은 서신 2장 5절에서도 사도 바울은 "하나님은 **한 분이시요** 또 하나님과 사람 사이에 중보도 한 분이시니 곧 사람이신 그리스도 예수라"라고 함으로써 기독교가 유일신 신앙임을 확증해 주었습니다.

그런데 재미있는 것은 사도들과 초대교회 성도들은 하나님의 '다양성/복수성'과 '단일성/통일성'을 상호 모순된 것으로 체험하고 있지 않았다는 사실입니다. 성부 하나님과 성자 예수님 그리고 성령 하나님을 복수적으로 체험하지만, 이 체험은 결과적으로 한 분이신 유일하신 참 하나님에 대한 체험과 일관된 것이었다는 말입니다. 초대교회 성도들이 하나님의 복수성과 하나님의 단일성에 대한 조화된 체험을 소유하였고, 또 그런 맥락에서 하나님의 존재를 이해하기 시작했다는 증거는 특별히 고린도후서 13장 13절이 잘 보여 주고 있습니다.

주 예수 그리스도의 은혜와 하나님의 사랑과 성령의 교통하심이 너희 무리와 함께 있을지어다.

사도 바울의 이 축원은 하나님에 대한 복수적 체험과 단일적 체험이 조화롭게 어우러진 삶 속에서 나온 축원이었던 것입니다. 더 나아가 초대교회가 세례를 행할 때 사용한 "아버지와 아들과 성령의 이름" in the name of the Father, Son, and Holy Spirit이라는 표현은 한 분 하나님을 아버지와 아들과 성령의 복수적 위격으로 체험하고 있었던 초대교회의 체험과 일관된 것이었습니다. 더욱더 중요한 사실은 사도 마태가 보고하는 것처럼 "아버지와 아들과 성령의 이름으로" 세례를 주라고 명하신 분은 다름 아닌 하나님의 아들 우리 주 예수 그리스도였다는 사실입니다.

이런 논의를 통해서 우리는 다음과 같은 결론을 얻을 수 있습니다. 비록 신약성경 자체가 삼위일체라는 단어를 사용하고 있지는 않지만, 후대 교회가 채택한 삼위일체라는 용어가 표현하고자 하는 모든 것은 사실상 신약성경과 초대교회의 경험, 그리고 고백 속에 내재해 있었다는 것입니다. 즉, 성경의 계시, 성경을 통해 전해진 초대교회의 경험과 역사에 기초해서 정상적인 논리적 추론 과정을 거치면 자연스럽게 삼위일체라는 신앙고백에 이르게 된다는 말입니다.

구약에 나타난 삼위일체 하나님에 대한 암시들

신약 계시와 신약 교회의 경험에 기초해 정상적인 논리적 추론을 거치면 삼위일체에 대한 신앙고백에 이르게 된다는 것에 동의하는 사람들 중, 이런 질문을 던지는 분들이 있습니다. 그렇다면 구약성경은 삼위일체론과 무슨 관계가 있는가? 유일신 사상을 강조하는 구약성경에도 삼위일체 하나님에 대한 암시들이 나타나 있는가? 대답은 긍정적입니다.

하나님은 사람을 창조하실 때 "우리의 형상을 따라 우리의 모양대로 우리가 사람을 만들고"창 1:26라고 말씀하십니다. 여기서 "우리"에 대한 성경학자들의 해석은 다양합니다. 어떤 사람들은 신적 능력을 강조하는 복수형이라 보고, 어떤 학자들은 천상에 있는 신적 회의를 묘사한다고 봅니다. 즉, 하나님과 하나님 앞에 둘러선 천사들을 묘사하는 단어라는 것입니다. 하지만 전통적으로 초대 교부들과 후대의 많은 신학자들은 이 구절의 "우리"라는 복수형이 바로 성경 전체를 통해 계시될 삼위일체 하나님에 대한 초기 단계의 계시라고 해석했습니다. 왜냐하면 하나님께서 사람을 창조하시면서 천상에 있는 신적 회의의 형상을 따라 창조한다는 것은 말이 되지 않기 때문입니다. 또한 많은 학자들은 창세기 18장에서 아브라함에게 나타난 세 천사가 결과적으로는 삼위일체 하나님의 현현이거나 삼위일체 하나님에 대한 예표였다고 해석합니다.

구약의 율법서나 역사서에는 "하나님의 신" 혹은 "여호와의 신"이라는 표현이 자주 나옵니다. 예를 들어, 이스라엘의 초대 왕 사울에게 임했던 하나님의 신은 사울이 하나님께 불순종하고 반역하자 사울을 떠나셨습니다. 하지만 하나님의 마음에 합한 사람인 다윗에게는 하나님의 신이 임하셨습니다. 여기서 "하나님의 신"이란 결국 신약에서 더 온전하게 계시되는 성령에 대한 구약적 표현인 것입니다.

더 나아가 구약의 선지서에서 우리는 하나님의 아들이 메시아로써 이 세상에 올 것이라는 예언을 접하게 됩니다. 그리고 다니엘서에 등장하는 "인자 같은 이"도 삼위일체의 제2위에 해당한다고 볼 수 있습니다.

> 내가 또 밤 이상 중에 보았는데 인자 같은 이가 하늘 구름을 타고 와서 옛적부터 항상 계신 자에게 나아와 그 앞에 인도되매 그에게 권세와 영광과 나라를 주고 모든 백성과 나라들과 각 방언하는 자로 그를 섬기게 하였으니 그 권세는 영원한 권세라 옮기지 아니할 것이요 그 나라는 폐하지 아니할 것이니라단 7:13-14.

이 구절에서 "인자 같은 이"는 성자 예수님을, "항상 계신 자"는 성부 하나님을 묘사한다고 볼 수 있습니다. 결국 아주 발전된 형태는 아니더라도 구약에서도 이미 삼위일체 하나님에 대한 계시가 이루어지고 있었음을 우리는 알게 됩니다.

NOTE

중요 용어

반反삼위일체론 '삼위일체'가 성경의 계시를 충실하게 따르는 용어가 아니라 계시와 무관한 철학적 개념이라고 보는 이론.

에고 에이미 Ego Eimi 헬라어 에고 에이미는 영어로는 'I Am', 우리말로는 '나는 …이다' '내가 그다'^{I Am He} 또는 '내가 있느니라'^{I Am}로 번역된다. 예수님이 자신의 인격과 사역의 중요한 면을 강조하실 때 사용한 표현으로 요한복음에만 24번 나온다. 그중 예수님의 절대적 신성을 표현하기 위해서 7번 사용된다. 이 표현들은 구약에서 여호와 하나님이 자신을 소개하실 때 쓴 표현을 연상시킨다. 대표적인 구절은 요한복음 8장 24, 28, 58절, 13장 19절, 18장 5, 6, 8절 등이다.

쉐마 히브리어 단어로서 우리말로는 '들으라'라는 뜻. "이스라엘아 들으라"로 시작되는 신명기 6장 4-9절을 지칭하는 단어. 이 구절은 유대인 전통 가운데서 경건한 유대인들이 날마다 암송하는 유일신 하나님에 대한 신앙고백이 되었다.

삼위일체 공식 the triune formula 에베소서 2장 18절과 연결되는 것으로, "우리 그리스도인들은 성령 안에서 in the Holy Spirit 성자를 통하여 through the Son, 성부 to the Father께 나아간다"는 신학적 공식이다.

토론 문제

1. 예수님의 신성에 대한 자기주장의 실례들을 찾아봅시다.
2. 예수님의 신성에 대한 사도들의 증거에는 어떤 것들이 있습니까?
   성령의 신성에 대한 신약성경의 증거에는 어떤 것들이 있습니까?
3. "하나님은 한 분이시기도 하시며 세 분들이시기도 하시다"라고 주장하는 사람이 있다면 어떻게 반박할 수 있을까요?
4. 구약에서 삼위일체론에 대해 암시하는 증거에는 어떤 것들이 있는지 찾아봅시다.

3. 삼위일체 교리는 어떻게 확립되었나요?

앞 장에서는 하나님의 계시인 성경 속에 내재해 있는 삼위일체론의 증거들을 살펴보았습니다. 본 장에서는 주후 2세기부터 5세기까지, 정통 교회가 삼위일체 교리를 확립해 가는 과정을 역사적으로 살펴보고자 합니다. 특별히 정통 교회의 삼위일체 교리를 확립한 니케아 신경Nicene Creed, 325과 콘스탄티노플 신경Constantinopolitan Creed, 381의 작성과정을 역사적으로 추적해 보겠습니다.

터툴리안과 아타나시우스

사도 요한의 죽음을 끝으로 사도들이 이 땅을 떠난 후 교회는 속사도 교부들의 지도를 받게 되었습니다. 삼위일체를 나타내는 헬라어 '트리아스'trias를 사용한 사람은 안디옥 교회의 주교 데오빌로Theophilus, 115-185?였습니다. 그는 대략 주후 180년 어간에 '삼위일체'라는 용어를 사용하여 하나님을 묘사하기에 이릅니다. 데오빌로와 동시대에 살았으며 지금의 프랑스 리옹의 주교였던 이레나이우스$^{Irenaeus, 130-202}$는 주후 190년경, 비록 삼위일체라는 단어를 사용하지는 않았어도 한 하나님 안에 삼위가 계심을 다음과 같이 말했습니다.

> 교회는 전 세계와 땅 끝까지 흩어져 있지만 사도들과 그들의 제자들로부터 다음과 같은 신앙을 전수받았다. 그것은 하늘과 땅과 바다와 그 가운데 만유를 창조하신 전능하신 아버지 하나님과 우리의 구원을 위해 성육신하신 하나님의 아들, 예수 그리스도와 성령에 대한 신앙이다.

주후 3세기 초 정통 교회의 삼위일체론 확립에 지대한 공헌을 한 사람은 북아프리카 출신의 서방 교부 터툴리안이었습니다. 터툴리안은 하나님의 유일성을 강조하기 위해 성부·성자·성령의 구별을 약화시키는 이단자들에 대항하였습니다. 그 과정에서 그는 매우 중요한 신학적 용어들을 창출하게 됩니다. 터툴리안은 라틴어 '트리니타스'^{Trinitas}를 사용하여 하나님을 지칭한 최초의 사람이 되었습니다. 그는 반복적으로 '성부·성자·성령 삼위일체'라는 말을 사용하여 궁극적인 절대자 하나님을 묘사했습니다. 또한 성부·성자·성령 세 위격 사이의 구별을 위해서 라틴어 '페르조나'^{persona}를 사용하였습니다. 그리고 하나님의 단일성 혹은 통일성의 기초로서 단일한 신적 본질, 즉 '수브스탄티아'^{substantia}라는 용어를 사용했습니다. 터툴리안은 "성부는 하나님이시다, 그리고 성자는 하나님이시다, 그리고 성령은 하나님이시다, 각각이 하나님이시다. 그러나 분리될 수 없이 공존하는 세 위격 안에 하나의 유일한 신적 본질이 있다"

고 주장했습니다.

이후 4세기 초에 이르러 성경적인 삼위일체 신앙을 심각하게 훼손하는 신앙운동이 일어나게 됩니다. 그 운동의 지도자는 이집트 알렉산드리아 출신의 아리우스$^{Arius,\ 250?-336?}$였습니다. 아리우스는 오직 성부 하나님만이 시작점이 없으신 영원한 신이시라고 주장했습니다. 성자 예수 그리스도는 성부 하나님께로부터 창조된 시작점이 있으며, 바로 그런 의미에서 성자는 성부와 동등하지 않은 피조물이라고 주장했습니다. 그리고 성령 역시도 성부로부터 발출된 시작점이 있으며, 성령은 비인격적인 어떤 힘이라고 주장했습니다.

놀랍게도 아리우스의 주장은 수많은 사람들을 미혹하여 그를 따르는 세력이 정통 교회를 위협할 수 있는 수준에까지 이르렀습니다. 그 당시 황제였던 콘스탄티누스 대제$^{Constantine\ the\ Great}$는 마침 기독교 신앙으로 회심하여 기독교 신앙을 공식적으로 인정하게 되었습니다. 그는 아리우스주의와 정통 교회 사이의 신학적 논쟁을 해결하기 위해 소아시아 북서부에 있는 니케아라는 도시에 공의회를 소집하고, 로마 제국 전역에 있는 교회 지도자들과 신학자들을 모아들였습니다.

이 공의회에서 알렉산드리아 출신의 아타나시우스$^{Athanasius,\ 293-373}$는 성자 하나님이 성부 하나님과 비슷한 본질$^{homoiousion,\ of\ similar\ substance}$이 아니라, 동일한 본질$^{homoousion,\ of\ the\ same\ substance}$을 가지신 분임을 성경을 토대로 설득력 있게 논증하였습니다. 아타나시우스는 성자 예수님이 성부 하나님과 동일한 본질을 소유하지 않으셨다면, 성자 예수님은 구원자가 되실 수 없을 뿐만 아니라 자기 자신도 누군가에 의해서 구원되어야 할 존재로 남는다고 역설했습니다. 그 결과 정통 교회의 입장이 성경적인 교리로 받아들여지게 되었고, 공의회는 니케아 신경을 작성하고 고백하게 되었습니다. 381년에 콘스탄티노플에서 열린 제2차 공의회에서 니케아 신경은 재확인되었고, 이와 함께 성령에 대한 좀더 세부적인 고백이 추가되었습니다.

니케아-콘스탄티노플 신경

우리는 전능하신 아버지이신 한 하나님을 믿는다. 그는 하늘과 땅을 지으신 이요, 보이는 것이나 보이지 않는 모든 것을 지으신 자다.

우리는 한 주 예수 그리스도를 믿는다. 그는 하나님의 독생자이시며, 모든 세상이 있기 전에 하나님으로부터 나셨으며, 하나님의 하나님이시며, 빛의 빛이시며, 참 하나님의 참 하나님이시다. 그는 하나님께로부터 나셨고 지으심을 받은 것이 아니다. 그는 모든 것을 지으신 아버지와 한 실체를 가지셨다. 그는 우리 인간과 우리의 구원을 위하여 하늘에서 내려오셨고, 성령에 의하여 동정녀 마리아로 말미암아 몸을 입으시고, 사람이 되셨고, 또한 우리를 위하여 본디오 빌라도에 의하여 십자가형을 받으셨다. 그는 고난을 당하시고, 매장되셨다가, 성경의 말씀대로 사흘 만에 부활하셨다. 그는 하늘에 오르셔서 아버지의 우편에 앉아 계신다. 그리고 그는 영광 중에 다시 오셔서 산 자와 죽은 자를 심판하실 것이다. 그의 나라는 영원할 것이다.

그리고 우리는 주이시며 생명의 공여자이신 성령을 믿는다. 그는 아버지와 아들로부터 나오셨고, 아버지와 아들과 함께 예배와 영광을 받으신다. 그는 예언자들을 통하여 말씀하셨다. 우리는 거룩하고 보편적이며 사도적인 하나의 교회를 믿는다. 우리는 죄를 사해 주는 하나의 세례를 인정한다. 우리는 죽은 자의 부활과 내세의 삶을 고대한다. 아멘.

니케아–콘스탄티노플 신경은 현재 그리스정교회, 로마가톨릭, 개신교회 등 기독교권의 거의 모든 교파와 교단이 공식적인 신앙고백으로 받아들이고 있습니다. 그런 의미에서 가장 보편적이고 에큐메니컬한 신앙고백이라고 볼 수 있습니다.

카파도키아의 세 교부들

니케아 공의회 이후 성령님의 신성에 대한 논쟁들은 사그라지지 않았습니다. 다양한 이집트 교회의 지도자들은 성령이 무로부터 창조된 피조물이며, 천사들과 비슷하면서도 천사들보다 우월한 영적 사역자라고 주장하기 시작했습니다. 이들에 대항하여 아타나시우스는 만일 성령이 단순한 피조물이라면, 그는 구원받은 백성들을 하나님의 성품에 참여하게 할 수 없다고 논증하였습니다. 그리고 오직 하나님과 동일한 본질을 가지신 분만이 우리가 하나님의 형상을 본받도록 하실 수 있다고 주장하였습니다.

아타나시우스와 동시대에 소아시아의 카파도키아^{Cappadocia}에 살았던 세 교부가 있었습니다. 그들은 니사의 그레고리$^{Gregory\ of\ Nyssa,\ 335-394}$, 가이사랴의 바질$^{Basil\ of\ Caesarea,\ 330-379}$, 그리고 나지안주스의 그레고리$^{Gregory\ of\ Nazianzus,\ 330-389}$입니다. 이 세 교부들은 성령의 신성과 정통 삼위일체론을 정립하는 데 지대한 공헌을 하였습니다.

성령님의 신성과 관련해서 바질은 큰 공헌을 하였습니다. 그의 신학논문 〈성령론〉*On the Holy Spirit*에서 바질은 이렇게 주장했습니다.

"주님께서는 필수적인, 구원에 이르게 하는 교리를 우리에게 주셨는데 그것은 바로 성령이 성부 하나님과 동등한 분으로 인정되셔야 한다는 것입니다."

더 나아가 그는 "우리는 성부와 성자와 더불어 성령께 영광을 돌립니다. 그 이유는 성령이 신적인 본질과 분리되지 않기 때문입니다"라고 말했습니다. 이런 주장을 통해서 가이사랴의 바질은 성령의 신성을 기독교의 정통 교리로 정립하게 되었습니다.

주후 379년에 바질이 이 땅을 떠난 후, 니사의 그레고리와 나지안주스의 그레고리는 계속해서 성령의 신성을 역설하고 삼위일체 교리를 정립해 나갔습니다. 그들은 성부와 성자와 성령이 각기 신비로운 방식으로 신적 본질을 소유하고 있으며, 이 사실은 하나님이 한 분이시라는 것과 모순되지 않는다는 것을 확신했습니다. 그들이 진지하게 고민했던 문제는, 만일 성부와 성자와 성령이 단일한 신적 실재를 이루고 있다면 세 위격 간의 진정한 구별을 어떻게 이해해야 하며, 세 위격의 하나 됨·통일성·일치성을 어떻게 이해해야 할지였습니다. 또한 하나님이 한 분이시라는 사실을 약화시키지 않으면서 세 위격을 표현할 용어는 없는지 고민했습니다.

오랜 성경 연구와 신학적 성찰을 거친 후 교부들은 삼위일체 하나님의 구별된 세 위격 또는 삼인격을 표현하기 위해 헬라어 '휘포스타시스' *hypostasis*를 사용했습니다. 영어로는 'person', 'subsistence' 혹은 'existence'로 번역될 수 있습니다. 카파도키아의 교부들에게 있어서 각각의 휘포스타시스, 즉 성부와 성자와 성령은 완전한 신성을 소유합니다. 또한 각각의 휘포스타시는 다른 두 위격들과 결코 분리되지 않지만 never separate, 진정으로 구별됩니다 but genuinely distinct.

나아가 그들은 세 위격이 공유하고 있는 신적 본질을 표현하기 위해서 '오우시아' ousia 라는 단어를 사용했습니다. 신적 본질인 오우시아는 세 위격에 균등하게 나뉘어져서 삼분의 일씩 존재하는 것이 아니며, 세 위격 이면에 있는 제4의 실재도 아니라고 주장했습니다. 또한 신적 오우시아는 세 위격과 분리되어 존재하지 않으며, 하나님의 신성은 각각의 세 위격 안에 완전하게 현존하신다고 주장했습니다. 이 교부들이 오우시아와 휘포스타시스라는 용어를 사용하면서 표현하고자 했던 것은, 바로 하나님이 본체는 하나이지만 인격은 셋이라는 진리였습니다.

삼위일체 하나님의 한 본질과 세 위격에 대한 교리를 정립한 뒤, 카파도키아의 교부들은 세 위격이 어떻게 서로서로 구별되는지에 집중하였습니다. 나지안주스의 그레고리는 그 당시까지 많은 신학자들이 제안한 내용들을 집대성하여 세 위격은 서로에 대한 관계에 의해서 상호 구별된다고 주장하였습니다. 성부는 출생하지 않으시고 unbegotten 발생하지 않으신 분 ungenerated, 성자는 성부로부터 영원히 유일하게 출생 only begotten eternally 또는 독특하게 발생하시는 분 uniquely generated eternally, 성령은 성부로부터 영원히 발출하시는 분 eternally proceed from the Father 이시기에 세 위격은 서로서로와 구별된다는 주장이었습니다. 결론적으로 니사의 그레고리는 "성부는 성자가 아니며, 성자는 성부가 아니며, 성령은 성부도 성자도 아니다"라는 말로 세 위격의 상호 구별을 설명했습니다.

하지만 여전히 문제는 남아 있었습니다. 세 위격이 어떻게 한 분 하나님이 되시는가? 이 문제와 오랜 기간 씨름한 끝에 그들은 요한복음의 가르침을 따라 성부와 성자와 성령 세 위격이 상호 간에 내주하신다는 사실을 강조하였습니다. 즉, 성부 안에는 성자와 성령이, 성자 안에는 성부와 성령이, 성령 안에는 성부와 성자가 완전하고도 총체적으로 내주하신다고 주장했습니다. 그렇기 때문에 세 위격이 있더라도 여전히 하나님은 한 분이시며, 이 한 분 하나님은 세 위격의 상호 내주라는 방식으로 존재하심을 강조했습니다. 이러한 주장은 포이티어의 힐러리^{Hilary of Poitier, 300-367}와 알렉산드리아의 시릴^{Cyril of Alexandria, 378-444}도 폭넓게 연구한 바 있습니다. 8세기 초에 활동한 다메섹의 요한^{John of Damascus, 675-749}은 "세 위격은 서로 안에 내주하되, 결코 상호 흡수나 혼합은 일어나지 않는다"고 주장함으로써 세 위격의 상호 내주라는 교리를 정립하게 되었습니다. 후대에 와서 한 분 하나님을 이루는 세 위격의 상호 내주는 '페리코레시스'^{perichoresis, mutual coinherence or indwelling}라는 헬라어 단어로 표현되기에 이르렀습니다.

어거스틴

5세기 초에 활약했던 어거스틴^{Augustine, 354-430}은 카파도키아의 세 교부들의 신학적 통찰을 수용하였습니다. 카파도키아의 세 교부들이 하나님의 세 위격을 전제한 뒤 이 세 위격이 어떻게 한 분 하나님으로 존재할 수 있는지를 고민했다면, 어거스틴은 하나님의 한 분 되심을 전제하되 어떻게 한 분 하나님이 구별된 세 위격으로 존재할 수 있는지를 고민했습니다. 오랜 기간의 신학적 성찰 끝에 어거스틴은 각각의 세 위격이 동일한 신적 본질^{essence}을 공유한다고 주장하였습니다. 그렇다고 세 위격이 세 위격 배후에 있는 동일한 신적 본질로부터 기원했다는 주장은 아니었습니다. 오히려 세 위격이 바로 그 신적 본질과 동일하다는 뜻입니다.

동시에 어거스틴은 각각의 신적 위격들은 완전하게 그리고 본질적으로 하나님이시며, 어떠한 신적 위격도 그 신성을 다른 위격으로부터 받는 것이 아니라고 주장했습니다. 오히려 각각의 신적 위격들은 그 영광과 능력과 존엄 면에서 완전하게 동등하다고 주장했습니다.

"삼위일체의 각 위격은 하나님이시며, 세 위격 모두가 함께 한 분 하나님이시다. 각 위격은 완전한 신적 본질이며, 세 위격 모두 함께 한 본질이시다."

어거스틴은 카파도키아의 세 교부들이 제안한 성자의 영원 출생이나 성령의 영원 발출 등과 같은 개념들을 거부하지는 않았지만, 세 위격의 구별을 세 위격이 서로서로에 대해 갖는 관계에 정초시켰습니다. 다시 말하면, 성부는 성자의 아버지로서 다른 위격들과 구별되고, 성자는 성부의 아들로서 다른 위격들과 구별되고, 성령은 성부가 아니시고 성자가 아니라는 점에서 다른 위격들과 구별된다고 주장했습니다. 이런 관계의 유비를 확대시켜서 어거스틴은 성부는 사랑하시는 분, 성자는 사랑을 받는 분, 성령은 두 위격 사이의 사랑의 끈으로 설명했습니다. 즉, 삼위일체 하나님은 하나의 사랑 공동체로 묘사될 수 있다는 것입니다.

NOTE

중요 용어

성자의 영원 출생/발생   성자의 위격이 성부의 위격으로부터 영원히 출생/발생하신다는 의미의 용어. 성자가 성부에 의해 피조되지 않음을 강조하고, 성자의 위격이 성부와 더불어 영원하다는 것을 강조하는 표현. 성부는 성자를 출생시키시고 발생시키시는 반면, 성자는 출생되시고 발생되신다.

성령의 영원 발출   성령의 위격이 성부의 위격으로부터 영원히 발출하신다는 의미의 용어. 그리스정교회는 성령이 오직 성부만으로부터 발출한다고 보는 반면, 로마가톨릭은 성령이 성부와 성자로부터 발출한다고 보았다. 이 논쟁으로 1054년에 그리스정교회와 로마가톨릭이 완전히 분리되었다.

호모우시오스_homoousios_   '동일한 본질을 가진'이란 뜻의 헬라어. 325년 니케아 공의회에서 아리우스의 이단적 사상을 반박하기 위해 채택되었다. 성부와 성자의 신적 본질이 동일함을 강조하는 용어이다.

호모이우시오스_homoiousios_   '비슷한 본질을 가진'이란 뜻의 헬라어. 아리우스는 성자가 성부와 동일한 신성을 가진 것이 아니라, 비슷한 본질을 가진 열등한 존재라고 주장했다. 325년 니케아 공의회에서 이단 사상으로 정죄되었다.

휘포스타시스(hypostasis) 카파도키아의 세 교부들이 삼위일체 하나님의 구별된 세 위격을 지칭하기 위해 사용한 헬라어. 서방의 라틴 교부들은 페르조나(persona)라는 단어를 사용해 구별된 세 위격을 표현했다.

토론 문제

1. 터툴리안은 정통 교회의 삼위일체론을 확립하는 데에 어떻게 기여했나요?
2. 아타나시우스와 아리우스가 삼위일체 하나님에 대해 가졌던 견해들의 차이점은 무엇인가요?
3. 카파도키아의 세 교부들은 정통 교회의 삼위일체론을 확립하는 과정에서 어떻게 기여했나요? 삼위일체 하나님에 대해 어거스틴과 카파도키아의 세 교부가 취한 접근 방법의 차이점은 무엇인가요?
4. 니케아 신경의 신학적·역사적 의미를 이야기해 봅시다.

4. 삼위일체론은 어떻게 전개되었나요?

앞 장에서는 주후 2세기부터 5세기에 이르기까지 정통 교회의 삼위일체론이 확립된 역사적 과정을 살펴보았습니다. 이 장에서는 후대에 삼위일체 신학이 어떻게 발전되었는지 살펴보겠습니다.

중세 시대

중세주후 500-1500에 들어오면서 그리스정교회와 로마가톨릭교회는 삼위일체론을 좀더 정교하고 세련되게 만들었습니다. 하지만 두 교회는 성령의 발출과 관련한 논쟁으로 완전히 분열하기에 이르렀습니다. 그리스정교회는 성령이 성부로부터만 발출한다는 니케아 신경의 본래 입장을 고집한 반면, 로마가톨릭교회는 어거스틴의 영향을 받아 성령이 성부 그리고 성자로부터 filioque, and from the Son 발출한다고 고집했습니다. 아울러 성령이 성부와 성자로부터 발출한다는 내용을 니케아 신경에 첨가시켰습니다. 그 결과 1054년에 두 교회는 상호 파문을 거쳐 완전한 분열을 겪게 됩니다the Great Schism.

중세 로마가톨릭교회에서 삼위일체론을 깊이 연구한 신학자들로는 피터 롬바르드Peter Lombard, 1100-1160, 성 빅터의 리처드Richard of St. Victor, ?-1173, 보나벤투라Bonaventure, 1217-1274, 토마스 아퀴나스Thomas Aquinas, 1225-1274 등이 있습니다. 그리고 그리스정교회에는 고백자 막시무스Maximus the Confessor, 580-662, 다메섹의 요한John of Damascus, 675-749, 포티우스Photius, 810-897 등이 있습니다.

종교개혁 시대와 삼위일체론의 부흥

16세기 종교개혁은, 구원은 오직 은혜로 주시는 선물이라는 복음 진리를 회복한 운동이었습니다. 또한 죄인은 오직 예수 그리스도를 믿음으로만 의롭다 함을 얻는다는 이신칭의의 진리를 재확인한 부흥운동이었습니다. 대표적인 종교개혁자 루터Martin Luther, 1483-1546와 칼빈John Calvin, 1509-1564은 구원론과 교회론의 영역에서는 로마가톨릭교회와 대립각을 세웠지만, 삼위일체론에서는 로마가톨릭과 그리스정교회의 입장을 인정했습니다.

그렇다고 해서 삼위일체 신학의 발전에 루터와 칼빈의 공헌이 없었던 것은 아닙니다. 특별히 존 칼빈은 삼위일체의 신학자로 불릴 만큼 삼위일체론을 신학적 사유의 중심에 놓았습니다. 칼빈은 그의 주저《기독교강요》를 삼위일체적인 구조로 집필했습니다. 전체 4권 중에서 제1권은 성부론, 제2권은 성자론, 제3, 4권은 성령론을 다루었습니다. 칼빈은 하나님을 신약성경에 계시된 삼위일체보다 못한 분으로 여기거나 삼위일체와 다른 분으로 개념화 혹은 예배할 때, 우상숭배를 범하는 것이라고 주장했습니다. 그래서 칼빈은 신론을 논할 때 철저하게 삼위일체에 대한 논의에서 시작했습니다. 그는 성경에 계시된 성부·성자·성령 삼위일체 하나님을 제외하고는 우리가 하나님에 대해서 이야기할 수 있는 다른 길이 전혀 없다고 믿었습니다. 세 위격의 완전한 동등성을 강조하면서, 하나님의 구원역사를 성취하는 데에 세 위격이 함께 일하신다는 사실을 강조했습니다.

칼빈은 세 위격 모두 완전한 신성을 가지고 있으며, 하나의 신적 실재를 구성하는 세 위격의 분리될 수 없는 통일성은 인류를 구원하시는 역사 속에서 나타나는 세 위격 간의 협력과 상호 작용을 통해 확증된다고 주장했습니다. 세 위격의 통일성에 대한 칼빈의 관계론적 이해는 카파도키아의 교부들과 후대의 그리스정교 신학자들이 제창한 '페리코레시스' 개념과 밀접하게 연결되어 있습니다.

칼빈의 삼위일체적 신학 사상은 17세기 청교도운동에 심대한 영향을 미쳤습니다. 그 결과 웨스트민스터 신앙고백은 삼위일체론에 큰 관심을 보였고, 청교도적 언약신학은 삼위일체론과 맞물리면서 더 세련화되었습니다. 청교도들 중에서 삼위일체론에 특별한 관심을 기울인 사람은 존 오웬John Owen, 1616-1683이었습니다. 오웬은 특히 그의 주저 《성령론》에서 성령의 신성과 인격성을 성경을 통해 바르게 확증한 후, 성령의 사역을 삼위일체적 맥락에서 논의함으로써 청교도적 삼위일체론의 진수를 보여 주었습니다.

18세기 뉴잉글랜드 출신의 청교도 신학의 완성자 조나단 에드워즈Jonathan Edwards, 1703-1758 역시 자신의 신학을 삼위일체론적 구조에 따라 체계화했습니다. 에드워즈는 세 위격 간의 관계성을 매우 강조하였으며, 그런 맥락에서 하나님의 구원 경륜과 언약신학을 논의했습니다. 에드워즈의 삼위일체론은 이후 미국의 뉴잉글랜드 신학과 개혁파 신학에 심대한 영향을 미쳤습니다.

계몽사상, 자유주의 신학 그리고 삼위일체론

18세기 유럽의 계몽사상^{the Enlightenment}은 정통 기독교의 초자연적 성격을 비판하면서 발전해 갔습니다. 계몽사상가들은 성경적 기독교의 중심 교리들을 이성의 이름으로 거부하기 시작했습니다. 그중에서도 가장 극심한 공격을 받은 것은 바로 삼위일체론입니다. 계몽사상가들은 대부분 이신론자^{Deist}들이거나 일위일신론자^{一位一神論者, Unitarian}들로서, 삼위일체론이 원시적이며 미신적인 신화적 산물이라고 비난했습니다.

계몽사상과 이후의 낭만주의사조에 영향을 받아 태동된 19세기 자유주의 신학은 고대 교부 신학과 종교개혁 신학의 계시중심 신학을 거부하고, 인간의 경험중심 신학 작업을 수행하였습니다. 특히 자유주의 신학의 아버지라고 불리는 슐라이어마허^{Friedrich Schleiermacher, 1768-1834}는 교의신학의 시작 부분에서 삼위일체론을 다루는 종교개혁 전통을 거부했습니다. 그 결과 그는 자신의 주저 《기독교 신앙》^{The Christian Faith}의 맨 마지막 부분에서 삼위일체론을 다루었을 뿐만 아니라, 정통적 삼위일체 이해가 아닌 양태론적 삼위일체론을 전개했습니다. 슐라이어마허의 영향을 받은 자유주의 신학자들 대부분은 삼위일체 하나님에 대해 무관심으로 일관하였습니다.

20세기와 삼위일체론의 재부흥

20세기 초반에 일어난 제1차 세계대전은 인간 이성의 전능과 인간 역사의 무한한 진보라는 계몽주의적 이상을 완전히 거짓된 것으로 입증했습니다. 1차 세계대전이 진행되고 있던 시점에서 스위스의 개혁신학자 칼 바르트Karl Barth, 1886-1968는 자유주의에 대한 헌신을 버리고 '성경에 펼쳐진 이상한 신세계'the strange and new world in the Bible를 발견하게 되었습니다. 루터, 칼빈, 키에르케고르 등의 영향 가운데 로마서 주석 작업을 하면서 바르트는 '하나님 말씀의 신학'이 회복되어야 함을 역설합니다. 그 이후 그는 유럽의 새로운 신학운동인 신정통주의neo-orthodoxy를 이끌게 됩니다.

바르트는 19세기 자유주의가 삼위일체론을 무시했던 사실을 비판하면서, 삼위일체론을 자신의 《교회교의학》 초두에서 다룹니다. 그러면서 성경의 하나님이 성부·성자·성령의 삼위일체 하나님이심을 강조합니다. 이것은 바르트의 위대한 신학적 공헌이었습니다. 하지만 그의 삼위일체론은 교부들과 종교개혁자들이 제시한 정통 삼위일체론과는 거리가 있습니다. 특히 그는 세 위격을 지칭하는 'hypostasis'나 'persona'라는 단어를 'person'으로 번역하지 않고 'mode of being'존재양식으로 번역함으로써 양태론적인 왜곡을 초래했다는 비판을 받았습니다. 바르트의 삼위일체론이 갖는 많은 문제점에도 불구하고 20세기에 삼위일체론을 새롭게 복권시킨 점은 그의 신학적 공헌입니다.

바르트 사후 독일에서는 위르겐 몰트만J. Moltmann, 볼프하르트 판넨베르크Wolfhart Pannenberg, 에버하르트 윙엘Eberhart Jungel, 발터 카스퍼Walter Kasper 등이 삼위일체론을 연구했습니다. 이외에도 그리스정교회 신학자 존 지지올라스John Zizioulas가 카파도키아 교부들의 관계론적·공동체론적 삼위일체론을 복권시키고, 더 창조적인 방향으로 세련화하는 작업을 해 왔습니다. 지지올라스의 영향을 받아 영국에서는 개혁파 신학자 토마스 토런스Thomas Torrance와 콜린 건튼Colin Gunton 등이 삼위일체 신학을 심도 있게 전개했고, 미국에서는 루터파 신학자 로버트 젠슨Robert Jenson과 여러 명의 여성신학자들이 삼위일체 신학을 깊이 있게 전개해 왔습니다.

Note

중요 용어

필리오케 *Filioque*   '그리고 아들로부터' and from the Son 라는 의미의 헬라어. 중세 초기부터 가톨릭교회는 니케아 신경에 이 단어를 포함시켜서 성령이 성부와 성자로부터 영원히 발출함을 표현했다. 그리스정교회는 이것을 이단적 행위로 정죄하였고, 오랜 논쟁 끝에 1054년 그리스정교회와 로마가톨릭은 완전한 결별을 선언하였다.

페리코레시스 *perichoresis*   상호 내주, 상호 침투, 상호 참여를 의미하는 헬라어. 카파도키아 교부들에 의해 주창된 세 위격의 상호 내주 사상을 표현하기 위해서 고백자 막시무스 Maximus the Confessor, 580-662가 최초로 사용했고, 다메섹의 요한 John of Damascus, 675-749이 그 사상을 더 세련화했다.

이신론 *deism*   18세기 계몽주의 시대에 유행한 세계관. 하나님께서 우주만물을 창조하신 후 주권적으로 섭리하시고 간섭하시는 것이 아니라, 우주만물 스스로에게 부여한 법칙에 따라 운행되도록 놓아 두셨다는 이론. 하나님의 내재성을 부인하고 초월성만 지나치게 강조하는 이론이다.

일위일신론unitarianism　　　　하나님의 삼위일체성을 거부하고, 하나님은 단일한 위격을 가진 존재라고 주장하는 이론.

신정통주의neo-orthodoxy　　　20세기 초반 유럽의 자유주의 신학에 대항하여 기독교 전통과 성경으로 돌아갈 것을 주창한 신학운동. 칼 바르트와 에밀 브루너Emil Brunner, 1889-1966가 대표적인 신학자임. 복음주의 신학과 유사한 부분도 있으나 복음주의권에서 온전히 수용할 수 없는 부분도 있음.

토론 문제

1. 중세 이후에 삼위일체론이 어떻게 전개되었는지 이야기해 봅시다.

5. 삼위일체 신학의 핵심은 무엇인가요?

그렇다면 삼위일체 신학이 우리에게 가르치는 핵심 진리는 무엇일까요? 이 진리를 분명하게 이해할 때 우리는 삼위일체 신앙의 중요성을 올바르게 이해할 수 있습니다.

통일성과 다양성

첫째로 삼위일체론은 우리가 섬기고 예배하는 하나님이 통일성과 다양성을 동시에 구유하고 계신 분이심을 가르쳐 줍니다. 다시 말하면, 하나님이 한 분이시라는 성경의 가르침은 성경이 계시하는 삼위일체 하나님만이 유일하신 참 하나님이심을 뜻합니다. 그러므로 하나님은 한 분밖에 없습니다. 삼위일체 교리는 신구약 성경이 반복적으로 강조하는 하나님의 수학적 유일성과 일치합니다. 그러나 이 유일하신 참 하나님은 이슬람의 알라처럼 단일 위격만을 가지신 획일적인 신이 아닙니다. 오히려 한 분 하나님 안에 세 위격이라는 다양성을 담지하고 계십니다. 그리고 그 다양성 속에서 자유롭고 자발적인 상호 관계를 함으로써 하나 됨과 통일성을 유지하는 분이십니다. 그런 의미에서 하나님은 하나의 '공동체'community라고 볼 수 있습니다. 다양한 세 위격이 상호 내주적인 관계를 통해 하나의 공동체를 이루고 있다는 뜻입니다.

세 위격의 다양성을 구유하신 하나님께서 하나 됨과 통일성을 유지하신다는 말은, 다양성이 무질서한 다원주의나 분열주의나 상호 배타주의로 흐르는 것을 거부하신다는 신학적 의미를 담고 있습니다. 다양성은 반드시 통일성과 조화되어야 합니다. 동시에 하나님 안에 있는 통일성은 다양성을 억압하고 억누르는 획일성이 아니라 다양성과 조화되는 통일성입니다.

세 위격 간의 관계성

둘째로 삼위일체론은 우리가 섬기고 예배하는 한 분 하나님이 세 위격의 자유롭고 자발적인 상호 관계 속에서 존재하심을 가르칩니다. 세 위격의 상호 관계에 대해서 정통 교회는 카파도키아의 세 교부들과 고백자 막시무스, 그리고 다메섹의 요한의 신학적 통찰을 수용하고 '페리코레시스'라는 단어를 사용했습니다.

페리코레시스는 '상호 내주'mutual indwelling, '상호 관통'mutual penetration, '상호 참여'mutual participation 등으로 번역할 수 있습니다. 이것은 성부와 성자와 성령이 각각 구별된 위격이시지만, 이 위격들이 따로따로 분리되어서 개별자로 존재하는 세 분의 하나님들이 아니라, 상호 내주의 방식으로 하나의 통일체를 이루고 있는 한 분 하나님이시라는 고백과 관련되어 있는 것입니다. 성부는 성자와 성령 안에 온전히 내주해 계십니다. 성자는 성부와 성령 안에 내주해 계십니다. 성령은 성부와 성자 안에 내주해 계십니다.

삼위의 상호 내주에 대해서는 특별히 요한복음이 강조해서 증거하고 있습니다. 예를 들어, 요한복음 10장에서 주님은 말씀하십니다.

> 만일 내가 내 아버지의 일을 행치 아니하거든 나를 믿지 말려니와 내가 행하거든 나를 믿지 아니할지라도 그 일은 믿으라 그러면 너희가 아버지께서 내 안에 계시고 내가 아버지 안에 있음을 깨달아 알리라 요 10:37-38.

성부와 성자 간에 상호 내주의 교통이 있음을 주님께서 확언해 주셨습니다. 제자 빌립이 예수님께 아버지를 보여 달라고 하자, 주님은 "빌립아 내가 이렇게 오래 너희와 함께 있으되 네가 나를 알지 못하느냐 나를 본 자는 아버지를 보았거늘 어찌하여 아버지를 보이라 하느냐 나는 아버지 안에 있고 아버지는 내 안에 계신 것을 네가 믿지 아니하느냐 내가 너희에게 이르는 말이 스스로 하는 것이 아니라 아버지께서 내 안에 계셔 그의 일을 하시는 것이라 내가 아버지 안에 있고 아버지께서 내 안에 계심을 믿으라" 요 14:9-11고 말씀하십니다. 성부와 성자 간에 상호 내주의 교통이 있음을 주님께서 친히 증거하신 것입니다.

이어서 주님은 성령이 오셔서 우리 안에 거하시면 그로 인하여 "그날에는 내가 아버지 안에, 너희가 내 안에, 내가 너희 안에 있는 것을 너희가 알리라" 요 14:20고 말씀하십니다. 이 말씀을 논리적으로 유추해 보면,

결국 주님이 우리 안에 있는 것은 성령의 내주를 통해서임을 깨닫게 됩니다. 그 이유는 성령 안에 주님이 거하시기 때문입니다. 성령이 우리 안에 거하실 때 주님 역시 우리 안에 거하시게 된다는 말씀이기 때문입니다. 요컨대 성자와 성령 간에도 상호 내주의 교통이 있음을 주님은 증거하신 것입니다.

주님은 다락방 기도를 통해서 다시 한 번 아들과 아버지 사이의 상호 내주를 확인해 주십니다.

> 내가 비옵는 것은 이 사람들만 위함이 아니요 또 저희 말을 인하여 나를 믿는 사람들도 위함이니 아버지께서 내 안에, 내가 아버지 안에 있는 것 같이 저희도 다 하나가 되어 우리 안에 있게 하사 세상으로 아버지께서 나를 보내신 것을 믿게 하옵소서……곧 내가 저희 안에, **아버지께서 내 안에 계셔 저희로 온전함을 이루어 하나가 되게 하려 함은** 아버지께서 나를 보내신 것과 또 나를 사랑하심같이 저희도 사랑하신 것을 세상으로 알게 하려 함이로소이다 요 17:20-23.

이러한 주의 말씀들을 통하여 우리가 깨닫게 되는 것은 성부·성자·성령 세 위격 간에, 상호 내주함으로 하나가 되는 아름다운 교통이 있다는 사실입니다.

이러한 상호 내주의 관계는 성부와 성자와 성령이 서로서로의 존재에 의존되어 있다는 사실과도 연결됩니다. 즉, 성부와 성자와 성령 각 위가 상호 독립적으로 또는 개별적으로 존재하는 것이 아니라 서로서로에 자신의 존재를 의탁하고 맡기는 상호 의존mutual dependence의 방식으로 존재한다는 것을 뜻합니다. 한 분 하나님의 존재 방식이 세 위격의 상호 내주와 상호 의존이라는 것은 대단히 중요한 신학적 의미를 지닙니다. 이 점에 대해서는 삼위일체 영성을 다루면서 좀더 깊이 있게 이야기하겠습니다.

삼위 간의 코이노니아

코이노니아^{koinonia}라는 말을 바르게 이해하는 것은 매우 중요한데, 헬라어 '코이노니아'는 우리말 성경에 친교, 교제, 교통, 사귐이라는 단어로 번역되어 있습니다. 영어성경의 'fellowship' 또는 'communion'이 이 단어를 번역한 것입니다. 목사님들이 축도할 때 사용하는 본문인 고린도후서 13장 13절에 "교통"으로 번역된 단어가 바로 '코이노니아'입니다.

> 예수 그리스도의 은혜와 하나님의 사랑과 성령의 교통하심이 너희 무리와 함께 있을지어다.

서로를 깊이 아는 친밀한 교제

성부와 성자와 성령 삼위가 함께 누리시는 인격적인 교제 가운데 우선되는 것은 서로를 깊이 아는 친밀한 사귐입니다. 성부는 성자와 성령을 친밀하게 아시고, 성자는 성부와 성령을 친밀하게 아시고, 성령은 성부와 성자를 친밀하게 아십니다. 여기서 '안다'는 말은 어떤 사물에 관해 갖는 비체험적·정보적 지식이 아니라, 인격적 존재 간에 서로를 체험적으로 친밀히 아는 것을 의미합니다. 구약성경에 사용된 '야다'나 신약성경에 사용된 '기네스코'는 모두 '안다'라는 뜻을 담고 있는데, 이는 부부가 서로 동거함으로 친밀하게 아는 것과 관련된 용어입니다. 이 용어들이 삼위일체의 세 위격에 적용될 때는 세 위격이 서로에 대해서 인격적이고, 친밀하고, 체험적인 지식을 갖고 있음을 의미합니다.

요한복음 1장 1-2절에 따르면, 말씀이신 성자 예수 그리스도는 영원부터 영원까지 하나님과 함께 계십니다. '함께 계신다'는 것은 결국 친밀한 인격적 교제 가운데 함께 있음을 의미합니다. 성자 예수님은 아버지의 하시는 일을 친히 본다고 여러 차례 말씀하셨습니다.

> 내가 진실로 진실로 너희에게 이르노니 아들이 아버지의 하시는 일을 보지 않고는 아무것도 스스로 할 수 없나니 아버지께서 행하시는 그것을 아들도 그와 같이 행하느니라 아버지께서 아들을 사랑하사 자기의 행하시는 것을 다 아들에게 보이시고 또 그보다 더 큰 일을 보이사 너희로 기이히 여기게 하시리라 요 5:19-20.

이 말씀은 오직 아들만이 아버지의 하시는 일을 직접 보신다는 것을 의미합니다. 그 이유는 아들과 아버지 사이에 서로를 깊이 아는 친밀한 사귐이 있기 때문입니다.

> 이는 아버지를 본 자가 있다는 것이 아니라 오직 하나님에게서 온 자만 아버지를 보았느니라 요 6:46.
> 나는 내 아버지에게서 본 것을 말하고 너희는 너희 아비에게서 들은 것을 행하느니라 요 8:38.

위의 구절은 세상 어느 누구도 아버지를 직접 본 사람이 없지만, 아들만은 아버지를 보았다는 뜻입니다. 그 이유는 아들은 아버지와 가까이 계시고, 함께 계시고, 친밀한 교제 가운데 계시기 때문입니다.

> 예수께서 성전에서 가르치시며 외쳐 가라사대 너희가 나를 알고 내가 어디서 온 것도 알거니와 내가 스스로 온 것이 아니로라 나를 보내신 이는 참이시니 너희는 그를 알지 못하나 **나는 아노니** 이는 내가 그에게서 났고 그가 나를 보내셨음이니라 요 7:28-29.
> 너희는 그를 알지 못하되 **나는 아노니** 만일 내가 알지 못한다 하면 나도 너희같이 거짓말쟁이가 되리라 **나는** 그를 알고 또 그의 말씀을 지키노라 요 8:55.
> **아버지께서 나를 아시고 내가 아버지를 아는 것 같으니** 나는 양을 위하여 목숨을 버리노라 요 10:15.

성경은 아들이신 주님께서 아버지를 참되게 아신다고 증거하고 있습니다. 즉, 함께 동거하심으로 서로를 인격적으로, 친밀하게, 체험적으로 아신다는 것을 의미합니다.

주님은 또한 "나를 보내신 이가 **나와 함께 계심이라**" 요 8:16라고 말씀하심으로 아버지가 항상 당신과 함께 하심을 확증하셨습니다. 요한복음 8장 29절 역시 동일한 내용을 담고 있습니다.

> 나를 보내신 이가 **나와 함께 하시도다** 내가 항상 그의 기뻐하시는 일을 행하므로 나를 혼자 두지 아니하셨느니라.

주님은 또한 그분 자신이 아버지에게서 듣는다는 사실을 말씀을 통해 반복적으로 강조하십니다.

지금 하나님께 들은 진리를 너희에게 말한 사람인 나를 죽이려 하는도다 아브라함은 이렇게 하지 아니하였느니라 요 8:40.

서로를 사랑하는 사귐

성경을 자세히 읽어 보면, 세 위격 간에 깊은 인격적 사귐이 있음을 발견하게 됩니다. 하나님의 삼위가 서로 간에 나누는 코이노니아는 무엇보다도 사랑의 교통입니다. 성부가 성자를 사랑하고 성자 역시도 성부를 사랑하는 사랑의 관계에 대해 많은 구절들이 증거하고 있습니다. 대표적으로는 요한복음 3장 31-36절 말씀을 들 수 있습니다.

> 위로부터 오시는 이는 만물 위에 계시고 땅에서 난 이는 땅에 속하여 땅에 속한 것을 말하느니라 하늘로서 오시는 이는 만물 위에 계시나니 그가 그 보고 들은 것을 증거하되 그의 증거를 받는 이가 없도다 그의 증거를 받는 이는 하나님을 참되시다 하여 인쳤느니라 하나님의 보내신 이는 하나님의 말씀을 하나니 이는 하나님이 성령을 한량없이 주심이니라 **아버지께서 아들을 사랑하사** 만물을 다 그 손에 주셨으니 아들을 믿는 자는 영생이 있고 아들을 순종치 아니하는 자는 영생을 보지 못하고 도리어 하나님의 진노가 그 위에 머물러 있느니라.

사도 요한은 성부께서 성자를 사랑하셔서 만물을 다 그 손에 주셨다고 증거합니다. 성부와 성자 서로 간에 주고받음의 관계가 있음을 보여 주고 있습니다. 따라서 성부와 성자 간의 사랑은 단순한 로맨스의 사랑이 아니라, 자신을 주는 self-giving 아가페의 사랑입니다.

예수께서 세례 요한에게 세례를 받으실 때에 하늘에서 "이는 내 사랑하는 아들이요 내 기뻐하는 자"^마 3:17라는 하나님의 음성이 들렸습니다. 성부께서 성자를 사랑하신다는 것을 공개적으로 선포하신 것입니다. 요한복음 5장 19-23절 역시 아버지와 아들 간에 사랑의 관계가 있음을 보여 줍니다.

> 그러므로 예수께서 저희에게 이르시되 내가 진실로 진실로 너희에게 이르노니 아들이 아버지의 하시는 일을 보지 않고는 아무것도 스스로 할 수 없나니 아버지께서 행하시는 그것을 아들도 그와 같이 행하느니라 **아버지께서 아들을 사랑하사** 자기의 행하시는 것을 다 아들에게 보이시고 또 그보다 더 큰 일을 보이사 너희로 기이히 여기게 하시리라 아버지께서 죽은 자들을 일으켜 살리심같이 아들도 자기의 원하는 자들을 살리느니라 아버지께서 아무도 심판하지 아니하시고 심판을 다 아들에게 맡기셨으니 이는 모든 사람으로 아버지를 공경하는 것같이 아들을 공경하게 하려 하심이라 아들을 공경치 아니하는 자는 그를 보내신 아버지를 공경치 아니하느니라.

역시 이 구절도 성부께서 성자를 사랑하셔서 당신이 행하시는 것을 다 아들에게 보이신다고 말씀함으로써 성부와 성자 사이에 서로 사랑하는 교통이 있음을 증거합니다. 또한 아들이 아버지의 일을 보지 않고는 아무것도 스스로 할 수 없다고 증거함으로써 성자가 성부께 전적으로 의존되어 계심을 보여 주고 있습니다.

계속해서 주님은 아버지께서 당신을 사랑하신다는 사실을 증거합니다.

> 아버지께서 **나를 사랑하시는** 것은 내가 다시 목숨을 얻기 위하여 목숨

을 버림이라 요 10:17.

아버지께서 **나를 사랑하신 것같이** 나도 너희를 사랑하였으니 나의 사랑 안에 거하라 요 15:9.

곧 내가 저희 안에, 아버지께서 내 안에 계서 저희로 온전함을 이루어 하나가 되게 하려 함은 아버지께서 나를 보내신 것과 또 **나를 사랑하심같이** 저희도 사랑하신 것을 세상으로 알게 하려 함이로소이다 아버지여 내게 주신 자도 나 있는 곳에 나와 함께 있어 아버지께서 창세전부터 나를 **사랑하시므로** 내게 주신 나의 영광을 저희로 보게 하시기를 원하옵나이다 요 17:23-24.

중요한 것은 아버지께서 아들을 사랑하시는 것이 일방 통행적인one-way 사랑이 아니라는 것입니다. 아버지께서 아들을 사랑하시는 것처럼, 아들도 아버지를 사랑합니다. 요한복음 14장 30-31절에서 주님은 당신이 아버지를 사랑하신다고 증거합니다.

이후에는 내가 너희와 말을 많이 하지 아니하리니 이 세상 임금이 오겠음이라 그러나 저는 내게 관계할 것이 없으니 오직 **내가 아버지를 사랑하는 것과** 아버지의 명하신 대로 행하는 것을 세상으로 알게 하려 함이로라.

서로를 영화롭게 하는 친교

성부와 성자와 성령의 인격적 친교는 사랑의 친교일 뿐만 아니라 서로를 영화롭게 하는 친교입니다. 우리 주 예수님은 아버지께서 당신을 영화롭게 하신다고 말씀합니다.

예수께서 대답하시되 내가 내게 영광을 돌리면 내 영광이 아무것도 아니어니와 내게 **영광을 돌리시는 이는 내 아버지시니** 곧 너희가 너희 하나님이라 칭하는 그이시라 너희는 그를 알지 못하되 나는 아노니 만일 내가 알지 못한다 하면 나도 너희같이 거짓말쟁이가 되리라 나는 그를 알고 또 그의 말씀을 지키노라 요 8:54-55.

말씀에서 보여 주듯 아버지는 아들에게 영광을 돌리십니다. 이와 동시에 아들은 아버지의 영광을 구하며 아버지께 영광을 돌립니다.

스스로 말하는 자는 자기 영광만 구하되 보내신 이의 영광을 구하는 자는 참되니 그 속에 불의가 없느니라 요 7:18.
아버지여 **아버지의 이름을 영광스럽게 하옵소서** 하시니 이에 하늘에서 소리가 나서 가로되 내가 이미 영광스럽게 하였고 또다시 영광스럽게 하리라 요 12:28.

요한복음 13장 31-32절도 아버지는 아들을 영화롭게 하시고 아들은 아버지를 영화롭게 하신다고 증거합니다.

저가 나간 후에 예수께서 가라사대 지금 **인자가 영광을 얻었고** 하나님도 인자를 인하여 **영광을 얻으셨도다** 만일 하나님이 저로 인하여 영광을 얻으셨으면 하나님도 자기로 인하여 저에게 **영광을 주시리니** 곧 주시리라.

이 말씀들을 통해서 우리는 아버지와 아들 사이에 상호 영광 돌림 mutual glorification 이 존재한다는 것을 알 수 있습니다. 요한복음 14장 13-14절도 같은 사실을 가르칩니다.

> 너희가 내 이름으로 무엇을 구하든지 내가 시행하리니 이는 **아버지로 하여금 아들을 인하여 영광을 얻으시게 하려 함이라 내 이름으로 무엇이든지 내게 구하면 내가 시행하리라.**

주님께서 우리의 기도를 들으시고 응답하시는 주된 이유가 바로 아들을 통해 아버지께서 영광을 얻으시게 하기 위함이라는 것입니다.

요한복음 17장에 나오는 주님의 다락방 기도는 아버지와 아들이 서로를 영화롭게 하는 교통 속에 계심을 아주 분명하게 증거합니다.

> 예수께서 이 말씀을 하시고 눈을 들어 하늘을 우러러 가라사대 아버지여 때가 이르렀사오니 **아들을 영화롭게 하사 아들로 아버지를 영화롭게 하게 하옵소서** 아버지께서 아들에게 주신 모든 자에게 영생을 주게 하시려고 만민을 다스리는 권세를 아들에게 주셨음이로소이다 영생은 곧 유일하신 참 하나님과 그의 보내신 자 예수 그리스도를 아는 것이니이다 아버지께서 내게 하라고 주신 일을 내가 이루어 **아버지를 이 세상에서 영화롭게 하였사오니** 아버지여 창세전에 내가 아버지와 함께 가졌던 영화로써 지금도 아버지와 함께 **나를 영화롭게 하옵소서** 요 17:1-5.

아버지께서 아들을 영화롭게 해 달라고 우리 주님은 기도하고 계십니다. 또한 그렇게 함으로써 아들이 아버지를 영화롭게 하게 해 달라고 기도하고 계십니다. 이 기도는 아버지 편에서 아들을 영화롭게 하면 결국 아들 편에서 아버지를 영화롭게 하는 결과를 가져오게 된다는 사실을 암시하고 있습니다. 다시 말하면, 아버지께서 아들 예수 그리스도를 죽은 자 가운데서 살리심으로 만주의 주가 되게 하시는 것이 아버지께서 아들을 영화롭게 하는 것입니다. 아버지로부터 영화롭게 된 아들 예수 그리스도는 아버지께 성령을 받아 교회에 부어 주시고, 교회를 통해 다시금 아버지를 영화롭게 하십니다. 여기서 우리는 성부와 성자 사이에 상호 영화의 관계가 있음을 보게 됩니다.

더 나아가 이 기도문의 후반부에 보면, 이미 아들 예수께서는 아버지께서 당신에게 하라고 주신 일을 이루어 아버지를 이 세상에서 영화롭게 하였다고 말씀합니다. 즉, 아버지의 뜻에 대한 예수님의 순종이 아버지를 영화롭게 했다는 말입니다. 그러면서 창세전에 아버지께서 아들과 함께 가졌던 영화로 말미암아 지금도 아버지와 함께 당신을 영화롭게 해 달라고 기도하십니다. 이것은 아버지와 아들이 서로서로를 영화롭게 하는 교통이, 영원 안에서 이미 이루어지고 있었음을 의미합니다. 성부와 성자는 영원부터 영원까지 서로서로를 영화롭게 하시는 관계 속에 계셨다는 것입니다.

요한복음은 상호 영화의 친교가 성부와 성자 사이에만 있는 것이 아니라 성자와 성령 사이에도 있음을 가르칩니다. 우리 주님은 제자들에게 성령에 대해 소개하시며 말씀하셨습니다.

> 그러하나 내가 너희에게 실상을 말하노니 내가 떠나가는 것이 너희에게 **유익이라** 내가 떠나가지 아니하면 보혜사가 너희에게로 오시지 아니할 것이요 가면 내가 그를 너희에게로 보내리니 요 16:7.

주님은 당신께서 떠나가시는 것이 제자들에게 더 유익하다고 말씀하십니다. 그리고 그 이유를 바로 그분이 떠나가셔야 보혜사 성령이 오실 수 있기 때문이라고 밝힙니다. 이것은 진정 그분 자신을 낮추시고 성령을 높이시는 말씀이자 행위였습니다. 그런데 이어지는 말씀에서 주님은 "**그가 내 영광을 나타내리니 내 것을 가지고 너희에게 알리겠음이라**"요 16:14라고 말씀하십니다. 성령이 주 예수님의 영광을 나타낸다는 말을 원문에서 확인해 보면 예수님을 영화롭게 한다는 의미를 담고 있습니다. 결국 이 두 구절이 가르치는 것은 성자와 성령 사이에도 서로를 영화롭게 하고 서로를 높이는 상호 영화의 친교가 있다는 사실입니다. 성부와 성자와 성령은 서로를 영광스럽게 하고 서로를 높이는 아름다운 교통 속에 존재하신다는 것입니다.

서로를 증거하는 교통

성부와 성자와 성령이 함께 나누시는 친교의 또 다른 차원은 상호 증거mutual witness의 교통입니다. 성부는 성자를 증거하시고, 성자는 성부를 증거하시며 성령을 증거하시고, 성령은 성자를 증거하시는 교통 속에 계시다는 것입니다. '증거한다'는 말은 존재와 가치를 인정하고recognize, 증명해 준다prove는 의미입니다. 즉, 성부는 성자의 존재와 가치를 인정하고 증명하시며, 성자는 성부의 존재와 가치·성령의 존재와 가치를 인정하고 증명하시며, 성령은 성자의 존재와 가치를 인정하고 증명하신다는 것입니다. 서로를 부인하거나 부정하는 관계가 아니라, 서로를 인정하시고 긍정하시고 확인해 주시는 관계 속에 있다는 것입니다.

예를 들어 보겠습니다. 예수님은 "내게는 요한의 증거보다 더 큰 증거가 있으니 아버지께서 내게 주사 이루게 하시는 역사 곧 나의 하는 그 역사가 아버지께서 나를 보내신 것을 나를 위하여 증거하는 것이요 또한 나를 보내신 아버지께서 친히 나를 위하여 증거하셨느니라"요 5:36-37라고 말씀하심으로써, 아버지께서 아들의 존재와 가치를 인정하고 아들이 누구인지 증명하고 아들의 사역을 긍정하고 확인한다고 말씀하셨습니다. 즉, 아버지께서 당신의 아들을 세상에 보내신 사실을 직접 증거하신다는 말씀입니다. 또한 요한복음 6장 27절에서 주님은 "썩는 양식을 위하여 일하지 말고 영생하도록 있는 양식을 위하여 하라 이 양식은 인자가 너희에게 주리니 **인자는 아버지 하나님의 인치신 자니라**"라고 말씀하십니다. "아버지 하나님의 인치신 자"라는 말씀은 주님이야말로 하나님 아버지께서 그 존재와 가치를 인정하는 분이시라는 뜻입니다. 영어성경NIV은 "On him God the Father has place his seal of approval"이라고 번역하고 있는데, 'approval'은 '승인' 또는 '인정'이라는 뜻을 담고 있습니다.

이어서 요한복음 8장 17-18절에서 주님은 "너희 율법에도 두 사람의 증거가 참되다 기록하였으니 내가 나를 위하여 증거하는 자가 되고 **나를 보내신 아버지도 나를 위하여 증거하시느니라**"라고 말씀하셨습니다. 이 구절 역시 아버지께서 아들의 존재와 가치를 인정하고 아들이 누구인지 증명하고 아들의 사역을 긍정하고 확인하심을 의미합니다. 요한일서 5장 9-10절도 아버지께서 아들을 증거하심을 말씀합니다.

> 만일 우리가 사람들의 증거를 받을진대 하나님의 증거는 더욱 크도다 하나님의 증거는 이것이니 그 아들에 관하여 증거하신 것이니라 하나님의 아들을 믿는 자는 자기 안에 증거가 있고 하나님을 믿지 아니하는 자는 하나님을 거짓말하는 자로 만드나니 이는 **하나님께서 그 아들에 관하여 증거하신 증거를 믿지 아니하였음이라.**

우리가 꼭 기억해야 할 것은 아버지만 아들을 증거하는 것이 아니라 아들도 아버지를 증거하신다는 것입니다. 예수님의 생애 전체가 사실은 하나님 아버지의 존재와 가치를 인정하고 증명하고, 아버지의 사역을 긍정하고 확인하는 생애이셨습니다. 아들 되신 예수님은 이 땅에 오셔서 아버지께서 세상에 명하신 말씀을 전달하심으로 아버지를 증거하셨습니다.

> 내 아버지께서 모든 것을 내게 주셨으니 아버지 외에는 아들을 아는 자가 없고 아들과 또 아들의 소원대로 계시를 받는 자 외에는 아버지를 아는 자가 없느니라 마 11:27.

이 구절은 아들이 아버지를 계시하고 증거할 때에만 사람들이 하나님을 알게 된다는 말씀입니다. 아들의 말씀이 아버지의 말씀이 되었고, 아들의 행위가 아버지의 행위가 되었고, 아들을 본 자는 아버지를 본 자가 되었습니다.

> 나를 사랑하지 아니하는 자는 내 말을 지키지 아니하나니 너희의 듣는 말은 내 말이 아니요 나를 보내신 아버지의 말씀이니라 요 14:24.
>
> 위로부터 오시는 이는 만물 위에 계시고 땅에서 난 이는 땅에 속하여 땅에 속한 것을 말하느니라 하늘로서 오시는 이는 만물 위에 계시나니 그가 그 보고 들은 것을 증거하되 그의 증거를 받는 이가 없도다 그의 증거를 받는 이는 하나님을 참되시다 하여 인쳤느니라 하나님의 보내신 이는 하나님의 말씀을 하나니 이는 하나님이 성령을 한량없이 주심이니라 요 3:31-34.

아들의 말씀과 사역과 삶과 죽음과 부활, 이 모든 것은 아버지를 증거하는 것이었습니다. 여기서 우리는 아버지와 아들 사이에는 서로를 증거하는 사귐이 있음을 깨닫게 됩니다. 그렇다고 아버지와 아들 사이에만 서로 증거하는 사귐이 있는 것은 아닙니다. 아들과 성령 사이에도 서로를 증거하는 사귐이 있습니다. 주님은 제자들에게 마지막으로 주신 교훈을 통해서 성령에 대해 놀라운 증거를 주셨습니다. 우선 주님은 성령이 누구신지에 대해 증거하셨습니다.

> 내가 아버지께 구하겠으니 그가 또 다른 보혜사를 너희에게 주사 영원토록 너희와 함께 있게 하시리니 저는 진리의 영이라 세상은 능히 저를 받지 못하나니 이는 저를 보지도 못하고 알지도 못함이라 그러나 너희는 저를 아나니 저는 너희와 함께 거하심이요 또 너희 속에 계시겠음이라 요 14:16-17.

예수님은 성령이 다른 보혜사, 즉 삼위일체 하나님의 제 삼위가 되심과 성령이 진리의 영으로서 하나님의 자녀들 속에 거하실 것을 증거하셨습니다. 또 보혜사가 오셔서 하실 일을 증거하셨습니다.

> 보혜사 곧 아버지께서 내 이름으로 보내실 성령 그가 너희에게 모든 것을 가르치시고 내가 너희에게 말한 모든 것을 생각나게 하시리라 요 14:26.

즉, 성령은 사도들에게 모든 것을 가르치고 예수님이 말씀하신 모든 것을 생각나게 하실 분이라는 것입니다.

아들 예수님만 성령을 증거하시는 것이 아니라 성령도 아들 예수님을 증거하십니다.

> 내가 아버지께로서 너희에게 보낼 보혜사 곧 아버지께로서 나오시는 진리의 성령이 오실 때에 그가 나를 증거하실 것이요 요 15:26.
> 이는 물과 피로 임하신 자니 곧 예수 그리스도시라 물로만 아니요 물과 피로 임하셨고 증거하는 이는 성령이시니 성령은 진리니라 증거하는 이가 셋이니 성령과 물과 피라 또한 이 셋이 합하여 하나이니라 요일 5:6-8.

성령은 하나님의 아들 예수 그리스도를 증거하시는데, 특별히 하나님의 아들 예수 그리스도께서 물과 피로 임하신 것, 즉 그분의 성육신을 증거하신다는 말씀입니다.

지금까지의 내용을 한마디로 정리하면, 성부와 성자와 성령은 서로를 증거하시는 교통과 사귐 가운데 계시다는 것입니다.

서로 복종하고 섬기는 사귐

성부와 성자와 성령이 나누시는 사귐의 또 다른 차원은 서로 복종하고 섬기는 디아코니아*diakonia*의 교통입니다. 삼위일체 하나님의 세 위격은 영원토록 동등하십니다. 신적 본질과 본성, 신적 권위, 신적 능력, 신적 존귀함 면에서 성부와 성자와 성령은 영원히 동등하십니다. 그러나 흥미롭게도 성경은 궁극적으로 동등하신 성부와 성자와 성령 사이에 서로 자발적으로 복종하고, 서로를 자유롭게 섬기는 사귐이 있음을 가르칩니다.

예를 들어 보겠습니다. 우선 아들 되신 예수께서 아버지께 전적으로 복종하고 순종하는 모습을 보여 주셨습니다. 우리 주님은 "나의 양식은 나를 보내신 이의 뜻을 행하며 그의 일을 온전히 이루는 이것이니라" 요 4:34라고 말씀하심으로 하나님 아버지의 뜻에 복종하여 그 뜻을 이루는 것이 당신의 삶의 목적임을 분명히 하셨습니다. 또한 "내가 아무것도 스스로 할 수 없노라 듣는 대로 심판하노니 나는 나의 원대로 하려 하지 않고 나를 보내신 이의 원대로 하려는 고로 내 심판은 의로우니라" 요 5:30라는 구절에서 볼 수 있듯이 모든 말과 행위를 전적으로 아버지의 원하시는 뜻에 따라 하신다고 말씀하십니다.

> 내가 하늘로서 내려온 것은 내 뜻을 행하려 함이 아니요 **나를 보내신 이의 뜻을 행하려 함이니라** 요 6:38-39.
>
> 너희는 인자를 든 후에 내가 그인 줄을 알고 또 내가 스스로 아무것도 하지 아니하고 오직 아버지께서 가르치신 대로 이런 것을 말하는 줄도 알리라 나를 보내신 이가 나와 함께 하시도다 **내가 항상 그의 기뻐하시는 일을 행하므로** 나를 혼자 두지 아니하셨느니라 요 8:28-29.

이 말씀을 통해서 주님은 항상 아버지께서 기뻐하시는 일을 행하신다는 것을 선포하셨습니다.

> 나는 귀신 들린 것이 아니라 오직 내 아버지를 **공경함이어늘** 너희가 나를 무시하는도다 요 8:49.
>
> 내가 내 자의로 말한 것이 아니요 나를 보내신 **아버지께서 나의 말할 것과 이를 것을 친히 명령하여 주셨으니** 나는 그의 명령이 영생인 줄 아노라 그러므로 나의 이르는 것은 내 아버지께서 내게 말씀하신 그대로 이르노라 요 12:49-50.

심지어 주님이 말씀하신 모든 것도 결국에는 아버지께서 말하라고 하신 명령에 따라 말씀하셨다는 것입니다.

> 오직 내가 아버지를 사랑하는 것과 아버지의 명하신 대로 행하는 것을 세상으로 알게 하려 함이로라 요 14:31.
> 아버지께서 내게 하라고 주신 일을 내가 이루어 아버지를 이 세상에서 영화롭게 하였사오니 요 17:4.

하나님의 아들이신 우리 주 예수님은 항상 아버지의 뜻에 전적으로 순종하시고 복종하셨던 것입니다. 또 그 순종과 복종을 통해서 주님은 아버지를 섬기셨습니다. 아들은 아버지의 뜻과 명령에 순종하고 복종하시고, 아버지는 아들의 기도와 간구에 응답하십니다. 그런 의미에서 아버지도 아들의 뜻에 복종하심을 우리는 깨닫게 됩니다.

나사로를 다시 살리시는 현장에서 주님은 아버지를 우러러 보시고 다음과 같이 말씀하셨습니다.

> 아버지여 내 말을 들으신 것을 감사하나이다 항상 내 말을 들으시는 줄을 내가 알았나이다 그러나 이 말씀하옵는 것은 둘러선 무리를 위함이니 곧 아버지께서 나를 보내신 것을 저희로 믿게 하려 함이니이다 요 11:41-42.

이를 통해서 우리가 깨닫는 것은 아버지께서 항상 아들의 말을 들으신다는 것입니다. 아들의 간구를 들어 응답하시고, 아들의 기도와 간청을 듣고 행하신다는 것입니다. 아버지는 아들의 기도에 응답하심으로써 아들을 섬기고 계셨습니다. 우리는 상호 들음, 상호 복종, 상호 섬김의 사귐이 아버지와 아들 간에 있음을 보게 됩니다.

성령 역시도 성자 예수님을 섬기신 것을 기억해야 합니다. 성령께서 예수님을 섬기신 것은 예수님의 사역 속에 동행하며 능력 주심을 통해서였습니다. 예수님이 모친 마리아의 태에서 잉태된 것도 성령으로 말미암은 일이었습니다마 1:18. 주님께서 요단강에서 세례 요한에게 세례를 받으시고 기도하실 때에 하늘이 열리며 성령이 형체를 띠고 비둘기같이 주님 위에 강림하셨습니다눅 3:21-22. 주님은 성령께 이끌리어 마귀에게 시험을 받으러 광야로 가셨습니다마 4:1. 누가는 "예수께서 성령의 권능으로 갈릴리에 돌아가시니 그 소문이 사방에 퍼졌"다고 증거합니다눅 4:14. 주님은 자신이 이 땅에 오신 목적을 말씀하실 때에 구약의 이사야 선지자를 인용하셨습니다.

> 주의 성령이 내게 임하셨으니 이는 가난한 자에게 복음을 전하게 하시려고 내게 기름을 부으시고 나를 보내사 포로 된 자에게 자유를, 눈먼 자에게 다시 보게 함을 전파하며 눌린 자를 자유케 하고 주의 은혜의 해를 전파하게 하려 하심이라눅 4:18-19.

성령은 주님이 잉태되실 때부터 계속 주님과 동행하셨습니다. 주님께서 가르치시고 치유하시고 기적을 행하실 때, 성령은 주님과 더불어 일하셨습니다. 그래서 베드로는 "하나님이 나사렛 예수에게 성령과 능력을 기름 붓듯 하셨으매 저가 두루 다니시며 착한 일을 행하시고 마귀에게 눌린 모든 자를 고치셨으니 이는 하나님이 함께 하셨음이라"행 10:38라고 증거했습니다.

마찬가지로 성령도 예수님께로부터 듣는 것을 증거하십니다.

> 그러하나 진리의 성령이 오시면 그가 너희를 모든 진리 가운데로 인도하시리니 그가 자의로 말하지 않고 오직 듣는 것을 말하시며 장래 일을 너희에게 알리시리라 그가 내 영광을 나타내리니 내 것을 가지고 너희에게 알리겠음이니라 무릇 아버지께 있는 것은 다 내 것이라 그러므로 내가 말하기를 그가 내 것을 가지고 너희에게 알리리라 하였노라 요 16:13-15.

성령께서 자의로 말씀하지 않는다는 것은 정말 중요합니다. 그것은 성령 스스로가 자신의 개인적이고 독단적인 의도에 따라 말씀하지 않음을 의미합니다. 도리어 성령은 오직 성자로부터 듣는 것을 말씀합니다. 그 말은 성령이 성자의 뜻과 의도와 계획을 벗어나지 않으시고 도리어 순복하신다는 것입니다. 성자가 성령에게 들려주시는 것 외에는 성령이 말씀하지 않으신다는 것은, 성자와 성령 사이에 상호 복종과 섬김의 관계가 있음을 암시합니다. 요컨대 성자는 성부의 뜻과 의도에 순복하시며 성령은 성자의 뜻과 의도에 순복하시고, 성자는 성부를 섬기며 성령은 성자를 섬기고 성부는 성자의 기도를 들으시며 성자 역시 성령의 섬기심을 받는 상호 복종과 섬김의 관계가 삼위일체 하나님의 세 위격 사이에 있다는 것입니다.

서로 보내시고 보냄을 받는 사귐

성경은 삼위일체 하나님의 세 위격 간에 서로를 세상에 보내시고 보냄을 받는 사귐이 있음을 증거합니다. 성부 하나님은 성자를 세상에 메시아와 구원자로 보내십니다. 성자 하나님은 성부로부터 성령을 받아서 세상으로 보내십니다. 즉, 성부와 성자가 함께 성령을 보내신다는 것입니다. 또한 성령은 성부와 성자의 뜻에 따라 믿음의 공동체인 교회를 세우시고 교회를 세상으로 보내십니다. 때로는 교회의 일원 가운데 선교사들과 복음전도자들을 세우시고 그들에게 특별한 임무를 맡기어 세상으로 파송하십니다. 결과적으로 삼위일체 하나님께서 교회를 세우시고 교회를 세상에 보내시는 것입니다.

요한복음 3장 16-17절에서 우리 주님은 하나님 아버지께서 당신을 세상에 구원자로 보내셨음을 증거합니다.

> 하나님이 세상을 이처럼 사랑하사 독생자를 주셨으니 이는 저를 믿는 자마다 멸망치 않고 영생을 얻게 하려 하심이니라 **하나님이 그 아들을 세상에 보내신 것은 세상을 심판하려 하심이 아니요 저로 말미암아 세상이 구원을 받게 하려 하심이라.**

성부는 그 아들을 세상에 보내시고, 그 아들은 아버지로부터 세상에 보냄을 받으신다는 말씀입니다. 사도 요한도 "하나님의 보내신 이는 하나님의 말씀을 하나니 이는 하나님이 성령을 한량없이 주심이니라"요 3:34라고 증거함으로써 하나님의 아들 예수 그리스도가 아버지로부터 보냄을 받았음을 확증해 줍니다.

이와 더불어 주 예수님은 반복적으로 당신이 하나님 아버지로부터 보내심을 받았음을 증거하셨습니다.

> 나의 양식은 **나를 보내신** 이의 뜻을 행하며 그의 일을 온전히 이루는 이것이니라요 4:34.

> 이는 모든 사람으로 아버지를 공경하는 것같이 아들을 공경하게 하려 하심이라 아들을 공경치 아니하는 자는 그를 보내신 아버지를 공경치

아니하느니라 내가 진실로 진실로 너희에게 이르노니 내 말을 듣고 또 **나 보내신** 이를 믿는 자는 영생을 얻었고 심판에 이르지 아니하나니 사망에서 생명으로 옮겼느니라 요 5:23-24.

내게는 요한의 증거보다 더 큰 증거가 있으니 아버지께서 내게 주사 이루게 하시는 역사 곧 나의 하는 그 역사가 아버지께서 **나를 보내신** 것을 나를 위하여 증거하는 것이요 또한 **나를 보내신** 아버지께서 친히 나를 위하여 증거하셨느니라…… 그 말씀이 너희 속에 거하지 아니하니 이는 그의 **보내신** 자를 믿지 아니함이니라 요 5:36-38.

하루는 제자들이 예수님께 물었습니다.

"우리가 어떻게 하여야 하나님의 일을 하오리이까?" 요 6:28

제자들은 주님께 거창한 대답을 기대했는지도 모릅니다. 그러나 주님은 "**하나님의 보내신** 자를 믿는 것이 하나님의 일이니라" 요 6:29라고 대답하셨습니다. 즉, 하나님 아버지께서 세상을 구원하기 위해서 보내신 자, 메시아이신 당신 자신을 믿는 일이 하나님께서 우리에게 요구하신 가장 중요한 일임을 선언하신 것입니다. 주님은 계속해서 아버지께서 당신을 보내셨기 때문에 당신이 세상에 온 것임을 강조하여 가르치십니다.

나를 보내신 아버지께서 이끌지 아니하면 아무라도 내게 올 수 없으니 오는 그를 내가 마지막 날에 다시 살리리라 요 6:44.

살아 계신 아버지께서 **나를 보내시매** 내가 아버지로 인하여 사는 것같이 나를 먹는 그 사람도 나로 인하여 살리라 요 6:57.

내 교훈은 내 것이 아니요 **나를 보내신** 이의 것이니라 요 7:16.

스스로 말하는 자는 자기 영광만 구하되 **보내신** 이의 영광을 구하는 자는 참되니 그 속에 불의가 없느니라 요 7:18.

예수께서 성전에서 가르치시며 외쳐 가라사대 너희가 나를 알고 내가 어디서 온 것도 알거니와 내가 스스로 온 것이 아니로라 **나를 보내신 이**는 참이시니 너희는 그를 알지 못하나 나는 아노니 이는 내가 그에게서 났고 그가 **나를 보내셨음이니라** 요 7:28-29.

예수께서 이르시되 내가 너희와 함께 조금 더 있다가 **나를 보내신 이**에게로 돌아가겠노라 요 7:33.

만일 내가 판단하여도 내 판단이 참되니 이는 내가 혼자 있는 것이 아니요 **나를 보내신** 이가 나와 함께 계심이라 요 8:16.

내가 나를 위하여 증거하는 자가 되고 **나를 보내신** 아버지도 나를 위하여 증거하시느니라 요 8:18.

내가 너희를 대하여 말하고 판단할 것이 많으나 **나를 보내신** 이가 참되시매 내가 그에게 들은 그것을 세상에게 말하노라 요 8:26.

나를 보내신 이가 나와 함께 하시도다 내가 항상 그의 기뻐하시는 일을 행하므로 나를 혼자 두지 아니하셨느니라 요 8:29.

이외에도 요한복음 8장 42절, 10장 35-36절, 11장 41-42절, 12장 44-45절, 13장 20절, 15장 21절, 16장 5절, 17장 3절, 8절, 18절 등을 들 수 있습니다.

그런데 아버지께서는 성자만을 세상에 보내신 것이 아니라, 성령도 세상에 보내셨습니다.

보혜사 곧 **아버지께서 내 이름으로 보내실 성령** 그가 너희에게 모든 것을 가르치시고 내가 너희에게 말한 모든 것을 생각나게 하시리라 요 14:26.

성부께서는 성자 예수 그리스도의 이름으로, 즉 예수 그리스도의 인격과 공로에 근거해서 보혜사 성령을 보내신다는 것입니다. 그러니까 보혜사 성령은 성부로부터 세상에 보내심을 받으신다는 것입니다. 그리고 또 기억해야 할 것은 성부만이 아니라, 성자 예수님도 보혜사 성령을 보내십니다.

> **내가** 아버지께로서 **너희에게 보낼 보혜사** 곧 아버지께로서 나오시는 진리의 성령이 오실 때에 그가 나를 증거하실 것이요 요 15:26.
> 그러나 내가 너희에게 실상을 말하노니 내가 떠나가는 것이 너희에게 유익이라 내가 떠나가지 아니하면 보혜사가 너희에게로 오시지 아니할 것이요 가면 **내가 그를 너희에게로 보내리니** 요 16:7.

성자 예수님은 보혜사 성령을 세상에 보내시고, 성령은 보내심을 받는다는 것입니다.

그런데 성자 예수님은 보혜사 성령만을 세상에 보내시는 것이 아니라, 당신의 사도들과 교회를 세상에 보내십니다.

> 아버지께서 나를 세상에 보내신 것같이 **나도 저희를 세상에 보내었고** 요 17:18.

"저희"란 좁게는 사도들을 의미하지만, 넓게 보면 사도들을 통해 예수 그리스도를 믿게 될 후대의 모든 교회를 의미합니다. 즉, 성자 예수님은 교회를 세상에 보내시며, 교회는 성자 예수님으로부터 보내심을 받습니다. 십자가에 죽으셨다가 부활하신 후 주님은 제자들에게 오셔서 "너희에게 평강이 있을지어다 아버지께서 나를 보내신 것같이 **나도 너희를 보내노라**" 요 20:21라고 말씀하셨습니다. 죽음의 권세를 무찌르시고 부활하심으로 하늘과 땅에 속한 모든 권세를 가지신 주님께서 "나도 너희를 보내노라"라고 하실 때, 성자 예수님으로부터 보내심을 받은 존재로서의 교회의 정체성이 확립된 것입니다. 이 말씀을 하신 후에 주님은 사도들을 향하여 숨을 내쉬며 "성령을 받으라"라고 말씀하셨습니다. 이것은 성자 예수님이 교회를 보내시는 것과 성령을 보내시는 것이 궁극적으로 동일한 목적을 위한 것임을 의미합니다. 부활하신 성자 예수 그리스도는 세상을 구원하시기 위해 성령을 교회에 보내셨으며, 성자와 성령은 함께 교회를 세상에 보내신 것입니다. 사도행전은 바로 부활하신 주님과 성령께서 교회를 세상에 보내셔서 역사하게 한 이야기를 기록하고 있습니다. 특별히 사도행전 13장을 보면, 성령께서 바나바와 사울을 이방인들에게 보내고 계시는 사건을 읽게 됩니다.

> 주를 섬겨 금식할 때에 성령이 가라사대 내가 불러 시키는 일을 위하여 바나바와 사울을 따로 세우라 하시니 이에 금식하며 기도하고 두 사람에게 안수하여 보내니라 두 사람이 **성령의 보내심을 받아** 실루기아에 내려가 거기서 배 타고 구브로에 가서 행 13:2-4.

이 말씀은 복음 전하는 자를 불러 세우시는 분도 성령이시며 그들을 세상으로 보내시는 분도 성령이심을 확증합니다.

지금까지의 논의를 요약해 보면, 결국 삼위일체 하나님의 세 위격 간에는 서로 보내시고 보내심을 받는 관계가 있음을 알 수 있습니다. 성부는 성자와 성령을 보내시고, 성부와 성자는 성령을 보내십니다. 동시에

이 관계가 교회로 적용될 때, 아버지께서 아들을 세상에 보내신 것같이, 아버지와 아들과 성령 삼위일체 하나님은 교회를 세상에 보내십니다. 보내심을 받는다는 것은 결국 보내신 자의 대사^{ambassador}와 사신^{messenger}이 됨을 의미합니다. 보내는 자의 모든 권위가 보내심을 받은 자에게 위임된다는 것이지요. 그러므로 교회는 교회를 세상에 보내신 삼위일체 하나님의 권위를 위임받은 영광스럽고 독특한 공동체입니다. 이것이 바로 교회를 교회 되게 하는 본질인 것입니다.

연합적 친교의 공동체

오늘날 삼위일체론을 연구하는 신학자들은 하나님이 하나의 공동체^{community}를 이루고 있다고 주장합니다. 즉, 성부와 성자와 성령의 세 위격이 하나의 사회^{society}를 이루고 있다는 것입니다. 이 주장도 일리가 있지만, 성경의 계시를 충분히 표현해 내지 못하는 부족함이 있습니다. 왜냐하면 삼위일체 하나님의 세 위격은 개별자들이 그냥 모여 있는 하나의 공동체와 사회의 차원을 넘어서, 서로 간에 온전히 내주·침투·참여를 통한 완전한 연합, 완벽한 통일체를 이루고 있기 때문입니다. 일반적인 사회나 공동체는 모여 있는 구성원들 간에 상호 내주를 보장해 주지 못합니다. 구성원 간의 관계가 깨어지고 분열된 사회가 있을 수 있고, 지나친 개인주의가 구성원 간의 연합을 파괴해 버릴 수 있기 때문입니다.

그러므로 삼위일체 하나님은 단순히 개별자들이 모여 있는 공동체^{community}가 아닙니다. 오히려 세 위격 간의 상호 내주와 침투와 참여를 통해서 삼위일체 하나님은 '연합적 친교의 공동체', 즉 커뮤니언^{communion}을 이루고 계십니다. 이 말은 삼위일체 하나님의 존재 방식과 삶의 방식이 바로 세 위격 간의 연합적/일치적/하나 됨의 친교라는 것입니다. 이런 연합적 친교를 통해서 하나님은 한 분 되심oneness을 유지하고 계십니다. 하나님의 한 분 되심oneness은 수학적인 의미에서의 '하나'이자, 다양한 개체의 연합과 통일이라는 의미에서의 '하나'이기도 합니다.

　연합적 친교의 공동체, 즉 커뮤니언을 그분의 존재 방식과 삶의 방식으로 갖는 삼위일체 하나님은 모든 다른 신들과 절대적으로 구별되시며, 기독교와 다른 종교를 뚜렷하게 구별해 주십니다. 이슬람교의 알라는 단일 위격의 단일신입니다. 힌두교는 다신을 특징으로 합니다. 삼위일체 하나님이 참되시고 유일무이한 하나님이시라는 고백의 이면에는 모든 다른 종교의 신들이 인간이 만들어 낸 거짓된 신이라는 선포가 있습니다. 결과적으로 삼위일체 하나님은 종교 다원주의라는 이데올로기를 근원에서 허물어 버립니다.

중요 용어

코이노니아 *koinonia* 사귐, 교통, 교제, 친교라는 뜻의 헬라어. 성도와 성도 사이의 교통, 성도와 삼위일체 하나님 사이의 사귐, 하나님의 세 위격 간의 친교를 표현하기 위해 사용한다. 특히 삼위일체 하나님의 세 위격 간의 친교를 의미할 때에는 'fellowship'보다는 'communion'이라는 단어로 표현한다.

상호 영화 *mutual glorification* 삼위일체 하나님의 세 위격이 서로를 높이시고, 서로에게 영광을 돌리시는 긴밀한 인격적 교제 가운데 계심을 표현하는 말.

디아코니아 *diakonia* 섬김, 봉사라는 뜻의 헬라어. 성도와 성도 사이의 섬김, 하나님과 세상에 대한 교회의 섬김, 삼위일체 하나님의 세 위격 간의 섬김을 표현하는 말. 디아코니아에서 '섬기는 집사'라는 뜻의 'deacon'이 유래되었다.

커뮤니언 *communion* 삼위일체 하나님의 세 위격이 서로 연합적으로 친교하는 공동체를 이루고 있음을 표현하는 단어. 일반적으로 공동체를 뜻하는 'community'보다 훨씬 더 친밀하고 인격적인 사귐을 나누는 연합적 친교 공동체를 뜻할 때 사용한다.

토론 문제

1. 삼위일체 하나님이 구유하고 계시는 다양성과 통일성을 어떻게 설명할 수 있을까요? 삼위일체 하나님의 세 위격 간의 관계성을 나타내는 '페리코레시스'의 뜻을 말해 봅시다.
2. 삼위일체 하나님이 누리고 계시는 코이노니아는 어떤 특징을 가집니까?
3. 삼위일체 하나님을 하나의 공동체로 이해할 때 'community'보다는 'communion'이라는 단어를 사용하는 것이 더 바람직한 이유는 무엇입니까?

²부 삼위일체 영성

Trinitarian Theology and Spirituality

1. 화두로 등장한 '**영성**'

2. 기독교 '**영성**'이란 무엇일까요?

3. 삼위일체 영성의 **핵심**은 무엇인가요?

4. 삼위일체 영성을 어떻게 **가정생활**에 적용할 수 있나요?

5. 삼위일체 영성을 어떻게 **교회생활**에 적용할 수 있나요?

6. 삼위일체 영성과 **교단** 간에는 어떤 관계가 있나요?

7. 삼위일체 영성과 **선교**는 어떤 관계가 있나요?

1. 화두로 등장한 '영성'

영성spirituality은 20세기 후반부터 종교계의 화두로 떠올랐습니다. 특히 서구 사회에서 영성에 대한 관심이 커지기 시작한 것은 1960년대 이후부터인데, 이 시기에 영성을 캐치프레이즈로 걸고 나온 종교적 운동이 바로 뉴에이지운동 New Age Movement입니다. 뉴에이지운동은 인도에서 출현한 불교나 힌두교적인 영성을 서구인들에게 도입하는 과정과 맞물려 등장했습니다.

고도로 발달한 과학기술과 기계문명 속에서 많은 서구인들은 공동체를 떠나 건강하지 못한 개인주의에 몰입했습니다. 극단적인 개인주의는 인간소외를 부채질하고, 인간소외 현상은 결국 허무주의를 낳았습니다. 서구인들은 자신에 대한 정체성을 상실하고, 삶의 의미와 목적을 찾지 못한 채 방황하고 있었습니다. 이러한 절망적 상황을 타개하고, 서구인들의 정체성과 삶의 의미를 찾게 해 주기 위하여 일단의 사람들이 뉴에이지 영성을 도입했습니다.

뉴에이지운동을 한마디로 요약하면 인간을 신격화하는 운동입니다. 또한 물질세계와 자연세계를 영적인 것으로 이해하는 운동입니다. 특히 힌두교의 요가사상과 절대자와의 합일사상이 뉴에이지운동의 근간이 되었습니다. 뉴에이지운동은 인간 자체가 영적인 존재, 즉 인간 자신이 근본적인 의미에서 신이요 절대자라고 주장합니다. 인간의 본질은 신성divinity이므로 인간은 자신 밖에서 신을 찾는 일을 그만두어야 한다고 합니다. 왜냐하면 바로 자기 자신이 신이자 영적 존재요, 절대자이기 때문입니다. 인간을 신격화한 뉴에이지운동은 자연만물도 영적인 것으로 이해합니다. 우리가 감각으로 인식하는 물질조차도 근원적으로는 영적인 존재라는 주장입니다. 그리고 자연세계도 단순한 물질적 존재가 아니라 본질 면에서 영적이라고 합니다. 즉, 인간을 포함한 모든 만물에 영성과 신성이 있다는 것이 바로 뉴에이지 철학의 핵심입니다.

수많은 서구인들이 뉴에이지 영성을 받아들이게 되었습니다. 왜냐하면 뉴에이지 영성이 자신들의 신적 정체성을 새롭게 발견하게 해 주었다고 믿었기 때문입니다. 수많은 서구인들이 요가나 선禪을 통해서 자신의 신성과 영성을 계발하는 일에 몰입했습니다. 1960년대 이후 뉴에이지운동은 '영성'의 이름으로 많은 서구인들의 종교세계를 지배하게 되었습니다.

뉴에이지운동이 영성을 화두로 내걸고 많은 사람들을 미혹하게 되면서 서구 교회는 큰 위기의식을 느꼈습니다. 전통적으로 기독교 문화권 아래 있던 이들이 뉴에이지운동에 끌리게 된 것은, 서구 교회가 교회로서의 역할을 바르게 감당하지 못했기 때문이라는 반성도 있었습니다. 이러한 반성에 기초해서 가톨릭계에서는 가톨릭 영성에 대한 관심이 새롭게 일어났습니다. 20세기 가톨릭 영성을 이끈 지도자들 중에는 토마스

머튼Thomas Merton, 1915-1968, 체스터턴G. K. Chesterton, 1874-1936, 헨리 나웬Henri Nouwen, 1932-1996 등이 있습니다. 이들은 고대의 사막교부desert fathers들의 영성훈련과 중세 수도원의 영성훈련을 20세기의 맥락에서 재적용하려고 시도하였습니다. 그런 과정에서 금식, 관상기도, 고행, 침묵기도 등과 같은 훈련 프로그램들이 새로운 관심 대상이 되었습니다.

하지만 뉴에이지 영성의 출현과 가톨릭 영성의 재부흥이 온전한 의미의 기독교적 혹은 복음적 영성을 확립해 주지는 못했습니다. 특히 가톨릭 영성운동은 세상에 침투해 들어가 세상을 변혁시키는 세상 긍정적world-affirming 영성보다는, 세상에서 도피해 버리는 세상 부정적world-negating 영성을 강조하게 되었습니다. 그 결과 영성운동이 세상 가운데서 교회의 능력을 회복시키지 못하고, 도리어 세상으로부터 교회를 더 멀어지게 하는 것이 되었습니다.

이런 상황에서 기독교적이고 복음적인 영성이 진정 무엇인지 깊이 고민하는 복음주의 영성가들이 출현하게 되었습니다. 대표적인 복음주의 영성가로는 유진 피터슨Eugene Peterson, 리처드 포스터Richard Foster, 제임스 휴스턴James Houston, 달라스 윌라드Dallas Willard, 브루스 데머리스트Bruce Demarest 등이 있습니다. 이들 복음주의 영성가들은 최근 레노바레Renovare라는 이름으로 복음주의 영성운동을 위한 파라처치para-church 조직을 구성하고 신앙인 개인의 영적 성숙과 교회 공동체의 갱신을 위해 노력하고 있습니다.

그러나 이들 복음주의 영성가들의 큰 공헌에도 불구하고, 여전히 대부분의 그리스도인들에게 '영성'이란 정의 내리기 어려운 용어입니다. 심지어 어떤 복음주의자들은 영성이라는 단어를 사용하기 꺼려 합니다. 저는 20세기 최대의 복음주의 지도자라 불리는 존 스토트John Stott를 지난

1998년 직접 만나 인터뷰한 적이 있습니다. 제가 기독교 영성을 어떻게 이해하는지 물었을 때 그는 "영성이란 말이 너무나 가톨릭 냄새가 나기 때문에 사용하기가 꺼려집니다. ……저는 영성이란 말보다 제자도 discipleship라는 말이 더 성경적이라고 생각합니다"라고 대답했습니다. 존 스토트는 성경이 그리스도인들을 예수의 제자라고 부르고 있고, 예수의 제자가 살아가는 태도와 방식이 바로 제자도이므로, 그런 의미에서 제자도라는 용어가 그리스도인의 삶을 정의하고 이해하는 데 더 바람직하다고 주장했던 것입니다.

저는 그의 이러한 주장에 일리가 있다고 생각합니다. 하지만 '영성'이란 말이 이미 종교계에서 매우 흔히 사용되는 용어가 된 상황이고, 세상과의 다리를 놓는다는 의미에서 복음주의자들도 '영성'이라는 말을 더욱 적극적으로 사용해야 한다고 생각합니다. 중요한 것은 '영성'을 사용할 때 어떤 의미로 사용하는지, 즉 '영성'이라는 말을 어떻게 정의내릴 것인지일 것입니다.

NOTE

중요 용어

영성 spirituality 일반 종교계에서는 영성을 인간 자신보다 더 큰 어떤 존재와 연결되어 있다는 의식과 그 의식에 바탕을 둔 삶의 태도와 방식으로 말한다. 이러한 의식은 어떤 절대적 존재에 대해 경외심을 갖는 것과 연결된다.

뉴에이지운동 New Age Movement 1960년대 이후 서구 사회에서 동양의 종교적 요소들과 서구의 과학기술적 요소를 결합시켜 등장한 새로운 영성운동. 서구 사회의 탈기독교적 흐름과 맞물려 발전되었고, 대체의학이나 대체음악 운동과도 관련되어 있다. 신비주의, 영지주의, 선불교, 힌두교의 신인합일사상 및 환생사상과 연결된 새로운 이방종교 운동이다.

레노바레 Renovare 리처드 포스터를 중심으로 1988년에 조직된 복음주의 영성운동 그룹. 전 세계적인 영성운동 네트워크를 가지고 있으며, 최근 우리나라에도 레노바레 모임이 조직되었다.

제자도 discipleship 예수님의 제자로서 그리스도인들이 가져야 할 세계관, 정신, 삶의 태도와 방식 등을 총체적으로 표현하는 말. 제자도의 핵심은 자기부인과 자기 십자가를 지는 정신이다.

토론 문제

1. 일반 종교계에서는 영성을 어떻게 정의하고 있습니까?
2. 뉴에이지운동이 서구 사회에 크게 영향을 끼친 이유는 무엇입니까? 또한 20세기 가톨릭 영성은 어떤 약점을 지니고 있습니까?
3. 복음주의 영성운동가들은 기독교 영성을 확립하는 데에 어떻게 기여했습니까?
4. 영성보다는 제자도라는 용어를 사용해야 한다는 존 스토트의 견해를 놓고 이야기해 봅시다.

2. 기독교 '영성'이란 무엇일까요?

영성에 대한 정의는 기독교적·복음주의적 관점에서 다양하게 정의되어 왔습니다. 저 또한 나름대로 기독교 영성을 정의하고 있는데, 저는 다음과 같이 기독교 영성을 정의합니다.

"기독교 영성은 삶의 모든 영역에서, 성령의 인도와 능력을 통하여, 살아 계신 하나님을 전인적으로 지향하는 삶의 태도이다."

이렇게 정의 내릴 때 기독교 영성은 적어도 네 가지 중요한 차원을 갖게 됩니다.

첫째, 기독교 영성은 하나님에 대한 지향성과 관련됩니다. 영성이란 지향성의 문제라는 것입니다. 지향성은 어떤 목표를 향하여 방향 지워짐을 뜻합니다. 그것이 세속의 영성이든 기독교의 영성이든, 영성은 세계 배후에 있는 어떤 궁극적이고 절대적인 존재나 원리나 사물을 향하여 방향 지워지는 것입니다. 그래서 영성은 그 목표를 향하여 나아가고, 그 목표 앞에서 어떤 태도를 취하는 것과 깊이 관련되어 있습니다. 그러나 기독교 영성과 세속 종교의 영성은 그 근원적인 목표를 달리합니다. 세속 종교의 영성은 인간 자신을 지향하거나, 어떤 절대적 원리나 사물을 지향하며 세상으로부터의 도피를 목적으로 삼지만, 기독교 영성은 살아 계시고 참되신 하나님을 지향하고 그분을 목적으로 삼습니다. 바로 이 점이 기독교 영성과 세속 영성을 구별해 주는 기준입니다.

    기독교 영성이 살아 계시고 참되신 하나님을 **지향한다**는 말은 여러 가지를 의미합니다. '하나님을 지향한다'는 말은 '하나님을 향하여 서 있음'을 의미합니다. 죄인이 하나님을 향하여 서 있기 위해서는 방향전환이 필수입니다. 왜냐하면 모든 인간은 태어나면서부터 하나님이 아니라 세상, 마귀, 자기 자신, 자신의 이기적인 욕심을 향하여 서 있기 때문입니다. 하지만 자신의 죄악을 회개하고 예수 그리스도를 믿음으로써 거듭나고 중생함으로 말미암아 그리스도인은 하나님을 향하여 설 수 있게 되었습니다. 하나님을 지향할 수 있게 되었습니다.

    하나님을 지향함은 단순히 그분을 향하여 서 있는 것이 아니라 하나님을 향하여 바르게 서 있음을 의미합니다. 하나님을 향하여 **바르게** 서 있다는 것은 하나님과의 바른 관계 속에 있음을 의미합니다. 곧 기독교 영성은 하나님과의 바른 관계를 맺어 가는 것과 관련됩니다. 성경은 그리스도인이 하나님과 바른 관계를 맺어 가는 것을 여러 가지로 표현합니다.

    먼저 그리스도인은 하나님을 사랑할 때 하나님과 바른 관계에 있습니다. 따라서 하나님을 지향한다는 것은 하나님을 사랑함을 뜻합니다. 곧 '사랑의 지향성'입니다. 또한 그리스도인은 하나님의 말씀을 따르고 순종할 때 하나님과 바른 관계에 있습니다. 하나님을 지향한다는 것은 하나님을 따르는 사람이 되고 하나님의 뜻과 법에 순종하는 사람이 되는 것을 의미합니다. '순종의 지향성'입니다. 더불어 그리스도인은 하나님으로부터 배우고 하나님을 본받을 때 하나님과의 바른 관계에 있습니다. 하나님을 지향한다는 것은 결국 하나님을 본받는 것, 그분을 닮아 가는 것을 의미합니다. '본받음의 지향성'입니다. 정리하면, 살아 계신 삼위일체 하나님을 향하여 바로 서서, 그 하나님을 사랑하고 순종하고 본받는 것이 하나님을 지향하는 것입니다.

둘째, 기독교 영성, 복음적 영성은 전인적인 영성입니다. 그러나 오늘날 세속 영성과 가톨릭 영성은 사람의 몸이나 물질세계를 악하고 무가치한 것으로 보고, 사람의 영혼이나 영적 세계만을 선하고 가치 있는 것으로 보는 영지주의적 이원론을 특징으로 하고 있습니다. 하지만 성경은 몸을 악하게 보고 영혼을 선하게 보는 이원론을 절대로 가르치지 않습니다. 도리어 성경은 모든 만물을 하나님께서 창조하셨다고 가르칩니다. 만물을 창조하신 후 하나님께서 지으신 모든 것을 보시니 보시기에 좋았더라고 증거합니다. 이 말은 물질이든 정신이든 몸이든 영혼이든 모든 만물이 선하고 아름답고 가치 있게 창조되었음을 의미합니다.

물론 아담과 하와의 범죄로 말미암아 죄와 사망이 세상에 들어오게 되었습니다. 그럼에도 불구하고 하나님은 죄인들도 여전히 하나님의 형상을 소유하고 있는 가치 있는 존재라는 것을 반복해서 확인해 주셨습니다. 하나님은 죄의 문제를 해결하시고 그들을 구속하시기 위해 그분의 아들을 이 세상에 보내셨습니다. 누구든지 예수 그리스도를 믿는 자는 먼저 그의 영혼이 거듭나게 되고, 끝내는 그 몸도 영광스럽게 부활하게 될 것입니다. 하나님 앞에서는 사람의 영혼뿐만 아니라 몸도 존귀합니다. 하나님께서 중생한 그리스도인들에게 요구하시는 것은, 하나님을 영혼으로만 섬기는 것이 아니라 온몸과 영혼으로 섬기는 것입니다.

너희 자신을 종으로 드려 누구에게 순종하든지 그 순종함을 받는 자의 종이 되는 줄을 너희가 알지 못하느냐 혹은 죄의 종으로 사망에 이르고 혹은 순종의 종으로 의에 이르느니라 하나님께 감사하리로다 너희가 본래 죄의 종이더니 너희에게 전하여 준 바 **교훈의 본을 마음으로 순종하여** 죄에서 해방되어 의에게 종이 되었느니라 너희 육신이 연약하므로 내가 사람의 예대로 말하노니 전에 너희가 너희 지체를 부정과 불법에 드려 불법에 이른 것같이 이제는 **너희 지체를 의에게 종으로 드려** 거룩함에 이르라 롬 6:16-19.

위의 구절에서 사도 바울은 교훈의 본을 우리 마음으로 순종함과, 우리 몸의 지체를 의에게 종으로 드림, 이 둘이 절대적으로 필요하다는 것을 강조합니다. 마음으로 순종한다고 하면서도 그 몸의 지체를 의의 종으로 드리지 않는다면 그것은 결국 거룩에 이르는 순종이 아니라는 것입니다. 몸과 마음이 함께 가야 한다는 것입니다. 성도가 거룩에 이르는 과정은 반드시 '전인적'이어야 한다는 것입니다.

기독교 영성, 복음적 영성은 우리의 몸과 마음 전체가 하나님을 지향하는 전인적 영성입니다. 기독교 영성이 전인적 영성이라는 사실이야말로 기독교 영성과 세속적·가톨릭적 영성을 뚜렷하게 구별해 주는 특징이 됩니다.

셋째, 기독교 영성은 삶의 모든 영역과 관련됩니다. 기독교 영성은 특정한 시간과 공간과 영역에서만 적용되는 영성이 아니라는 것입니다. 기독교 영성은 삶의 모든 영역에서, 즉 우리 그리스도인들이 경험하는 모든 공간과 시간 속에서 추구되어야 합니다. 다시 말하면 기독교 영성은 중세 수도원과 같은 곳에서만 추구될 수 있는 영성이 아닙니다. 고대 사막교부들과 같이 사막에서만 추구될 수 있는 영성도 아닙니다. 사회와 분리된 교회에서만 추구될 수 있는 영성은 더더욱 아닙니다. 기독교 영성은 우리의 가정, 학교, 직장, 사회, 국가, 지구촌, 경제, 교육, 정치, 문화 등 모든 영역에서 추구되어야 합니다. 하루 24시간, 일주일, 한 달, 일 년, 평생토록 추구되어야 합니다. 기독교 영성은 또한 교회에서 예배드리는 시간과만 관련된 것이 아닙니다. 우리 그리스도인들이 처하고 경험하는 모든 시간과 공간과 영역에서 기독교 영성은 추구되어야 합니다. 그래서 기독교 영성은 '통전적 영성'일 수밖에 없습니다.

넷째, 기독교 영성은 성령의 능력으로만 추구되고 체화할 수 있습니다. 그것은 기독교 영성이 하나님을 지향하는 영성이기 때문입니다. 이 세상의 어느 누구도 성령의 인도하심과 능력을 힘입지 않고 하나님을 향하여 나아갈 수 없습니다. 살아 계신 하나님을 참되게 만나고 그분을 깊이 알아 가며 그분과 친밀한 친교 가운데 살아가게 하시는 이는 오직 성령입니다. 그리고 하나님을 지향함으로써 하나님의 거룩하심을 본받고 하나님의 존재 방식에 따라 살아가게 하시는 분은 오직 성령뿐입니다. 동시에 하나님의 아들 예수 그리스도의 순종과 거룩하심을 따라 살며, 그분의 겸손과 온유를 본받게 하실 수 있는 분도 오직 성령뿐입니다.

세속 종교의 영성은 인간을 신격화하고, 인간의 능력을 높이며, 인간의 교만을 부추깁니다. 인간 스스로 할 수 있음을 강조하며, 인간 스스로 자신을 발견할 수 있고 자아실현에 이를 수 있다고 가르칩니다. 인간에게 있는 불성을 계발하여 부처가 될 수 있다고 가르칩니다. 인간이 소유하고 있는 신성을 실현하여 인간 스스로 절대자의 위치에 오를 수 있으며, 자기 인생과 운명을 책임질 수 있다고 강조합니다. 세속 종교의 영성이 향하여 가는 종착역은 결국 영원한 저주와 멸망과 비참입니다.

그러나 성경이 가르치는 기독교 영성, 복음적 영성은 성령의 영성입니다. 성령께서 진리 가운데로 인도해 주실 때에만, 성령께서 당신의 거룩하심을 우리에게 전달해 주실 때에만, 성령께서 우리 눈을 열어 하나님의 기이한 법을 보게 하고 살아 계신 하나님을 향하여 담대히 나아가게 하실 때에만 기독교 영성은 추구될 수 있고 체화할 수 있습니다. 성령을 떠나서는 결코 기독교 영성이 실현될 수 없습니다. 그래서 조나단 에드워즈는 그의 주저 《신앙감정론》에서 '영적인' 혹은 '신령한' 그리스도인이란 결국 성령의 인도와 능력을 따라 살아가는 그리스도인, 성령으로 충만함을 받아 성령의 지배와 통제하에 살아가는 사람이라고 증거하였습니다. 기독교 영성을 체화한 사람이란 결국 성령의 열매를 맺는 성숙한 그리스도인인 것입니다.

여기서 우리는 매우 중요한 질문을 던지게 됩니다. 그렇다면 "왜 삼위일체 영성이 중요한가?" 이에 대한 답은 의외로 간단합니다. 기독교 영성이 지향하는 하나님이 바로 삼위일체 하나님이시기 때문입니다. 뒤집어 말하면, 기독교 영성은 삼위일체 영성일 수밖에 없고 삼위일체 영성만이 기독교 영성인 것입니다. 우리는 위에서 "**기독교 영성은 삶의 모든 영역에서 성령의 인도와 능력을 통하여 살아 계신 하나님을 전인적으로 지향하는 삶의 태도**"라고 정의 내렸습니다. 여기에서 살아 계신 하나님이란 결국 성부와 성자와 성령의 세 위격이 상호 내주의 방식으로 서로를 지향하는 관계 속에 존재하시는 삼위일체 하나님인 것입니다.

우리 그리스도인이 **지향해야 할** 하나님은 다름 아닌 삼위일체 하나님이십니다. 우리의 **몸과 마음을 다하여** 지향해야 할 하나님, 삶의 모든 영역에서 전인적으로 지향해야 할 하나님, 성령의 인도와 능력을 통하여 삶의 모든 영역에서 전인적으로 지향해야 할 살아 계신 하나님은 바로 삼위일체 하나님이십니다. 그런 의미에서 기독교 영성은 삼위일체 영성일 수밖에 없으며, 삼위일체 영성이야말로 기독교 영성의 본질이 되는 것입니다. 다시 말하면, 우리 그리스도인이 향하여 바르게 서 있어야 할 하나님, 사랑해야 할 하나님, 따르고 순종해야 할 하나님, 배우고 본받고 닮아 가야 할 하나님은 바로 삼위일체 하나님이십니다.

   기독교 영성이 하나님을 지향하는 영성이라는 말은 결국 기독교 영성은 삼위일체 하나님을 향하여 바로 서는 영성이며, 삼위일체 하나님을 사랑하는 영성이며, 삼위일체 하나님을 순종하고 따르는 영성이며, 삼위일체 하나님을 배우고 본받고 닮아 가는 영성임을 뜻합니다.

Note

중요 용어

지향성으로서의 영성 세계 배후에 있는 궁극적이고 절대적인 존재나 원리, 사물을 향하여 방향 지어지는 것을 의미한다.

전인적 영성 인간의 영혼과 정신은 가치 있게 여기는 반면, 인간의 몸을 무가치하게 여기는 영지주의적 이원론에 반대되는 기독교 영성의 본질이다. 기독교 영성은 우리의 몸과 영혼을 모두 소중하고 가치 있게 보며, 우리의 몸과 영혼을 다해서 하나님을 지향하는 것이다.

통전적 영성 신앙생활과 직접적으로 관계된 어떤 특정한 공간과 시간만 가치 있게 여기는 이원론적 영성에 반대되는, 기독교 영성의 본질이다. 삶의 모든 공간, 시간, 영역에서 우리는 몸과 영혼을 다해 하나님을 지향해야 한다.

토론 문제

1. 기독교 영성은 세속 종교나 가톨릭의 영성과 어떤 차이가 있을까요?
2. 영혼은 가치 있게 여기는 반면 몸은 무가치하게 여기고, 신앙생활과 직접 관계된 시간과 공간과 영역만을 가치 있게 여기는 이원론적인 삶의 모습들에는 어떤 것들이 있습니까? 이러한 이원론적인 영성이 왜 문제가 될까요?
3. 기독교적·복음적 영성의 본질이 삼위일체 영성일 수밖에 없는 이유는 무엇입니까?

3. 삼위일체 영성의 핵심은 무엇인가요?

기독교 영성의 본질은 삼위일체 영성입니다. 왜냐하면 기독교 영성이란 결국 삼위일체 하나님을 지향하고, 사랑하고, 본받는 영성이기 때문입니다. 여기서 우리가 기억해야 할 것이 있습니다. 삼위일체 영성은 우리 그리스도인들이 하나님과의 관계에서 추구하고 체화해야 할 영성이지만, 이미 그 이전에 성부와 성자와 성령 삼위일체 하나님의 세 위격의 상호 관계 속에서 구현되어 있는 영성이라는 사실입니다. 다시 말하면, 우리가 추구하고 체득해야 할 삼위일체 영성은 삼위일체 하나님이 본래적으로 가지고 계신 영성이라는 것입니다. 이러한 통찰은 대단히 중요합니다. 삼위일체 영성은 하나님과 사람과의 관계 속에서 실현되기 이전에, 영원토록 하나님의 세 위격이 가지고 계시는 연합적 친교의 공동체 속에 이미 체현된 영성입니다.

다양성의 존중과 예찬

삼위일체 영성의 핵심 중 첫째는 다양성에 대한 존중과 예찬입니다. 다양성이란 서로 다른 혹은 구별된 존재들이 공존한다는 말입니다. 그런 의미에서 다양성은 하나님의 존재 원리입니다. 성부는 성자가 아니시고, 성자는 성령이 아니시며, 성령은 성부가 아니십니다. 성부·성자·성령은 서로 다른 혹은 구별된 위격이십니다. 다시 말하면, 하나님은 획일성의 하나님이 아니십니다. 우주와 만물을 창조하시고 다스리시는 천지의 주재이신 하나님은 세 위격이라는 다양성을 당신의 존재 속에 구유하고 계십니다.

다양성은 하나님의 존재 원리일 뿐만 아니라 창조의 원리입니다. 창세기 1장의 창조기사를 보면 하나님께서 우주만물을 다양하게, 서로 다르게, 서로 구별되게 창조하신 것을 알 수 있습니다.

> 하나님이 가라사대 땅은 풀과 씨 맺는 채소와 각기 종류대로 씨 가진 열매 맺는 과목을 내라 하시매 그대로 되어 땅이 풀과 각기 종류대로 씨 맺는 채소와 각기 종류대로 씨 가진 열매 맺는 나무를 내니 하나님의 보시기에 좋았더라 창 1:11-12.
>
> 하나님이 큰 물고기와 물에서 번성하여 움직이는 모든 생물을 그 종류대로, 날개 있는 모든 새를 그 종류대로 창조하시니 하나님의 보시기에 좋았더라 창 1:21.
>
> 하나님이 땅의 짐승을 그 종류대로, 육축을 그 종류대로, 땅에 기는 모든 것을 그 종류대로 만드시니 하나님의 보시기에 좋았더라 창 1:25.

위의 구절들은 우리에게 의미심장한 진리를 가르쳐 줍니다. 우선 하나님께서 풀과 채소와 나무와 새와 물고기와 짐승과 육축을 각기 종류대로 창조하셨다는 사실입니다. 어느 하나도 획일적으로, 무미건조하게 만드시지 않았습니다. 모든 만물을 서로 다르게, 서로 구별되게 만드셨습니다. 각자에게 특별한 모양과 색깔과 수명과 특징들을 주셨습니다. 하늘의 별들 하나도 똑같은 것이 없으며, 뱀 한 마리도 똑같은 것이 없으며, 개미 한 마리도, 바닷가의 모래 한 알도, 심지어 공중에 떠다니는 먼지 하나도 똑같이 만드시지 않았습니다. 하나님께서는 모든 만물을 각기 종류대로 다양하게 지으신 것입니다.

그런데 더 중요한 사실은 만물을 서로 구별되게, 서로 다르게, 아주 다양하게 지으신 후 모든 것이 그분 보시기에 좋았다고 선언하셨습니다. 그 선언을 통해서 하나님은 창조하신 모든 피조물을 선하다고 말씀하심과 동시에, 다양성이라는 창조의 원리를 선한 것으로 선포하신 것입니다. 다양성은 하나님의 존재 원리이기에 선하고, 창조 원리이기 때문에 선한 것입니다. 하나님은 당신의 피조물들에게 획일성을 강요하지 않으셨습니다. 도리어 피조물들을 다양하게 지으시고, 그 다양성을 존중해 주셨습니다. 각기 종류대로 지어진 피조물들을 보고 "좋구나"라고 선언하심으로써 다양성을 예찬하셨습니다.

여기서 우리는 삼위일체 영성이 제공하는 근원적인 통찰에 마주치게 됩니다. 그것은 나와 다른 존재와 사람에 대한 존중과 예찬입니다. 타자에 대한 수용입니다. 나와 다른 사람이 내 곁에 있다는 것은 재앙이 아니라 예찬해야 할 축복입니다. 하나님께서 내 옆에 타자를 주신 것은 다양성을 존중하시는 하나님의 축복의 섭리임을 깨닫게 됩니다.

20세기 프랑스 출신의 유대인 철학자 엠마누엘 레비나스 Emmanuel Levinas,

1906-1995는 '타자他者의 철학'을 전개했습니다. 레비나스는 인간이 타자를 자신과 동질화 내지 획일화하려고 할 때 인간의 모든 비극이 시작된다고 하면서 인간이 참된 인간으로서의 의미와 정체성을 확립하기 위해서는 타자를 자기와 구별되는 절대적 존재로 받아들이고 수용해야 한다고 주장합니다. 즉, 타자를 타자 되게 함으로써 인간은 참된 의미에서 자신을 발견할 수 있고, 참된 의미에서 윤리적인 인간이 될 수 있다고 주장합니다. 타자의 얼굴을 들여다볼 때에야 비로소 인간은 그 경험을 통해 자신을, 더 나아가 절대자인 신을 발견할 수 있다는 것입니다. 레비나스가 그리스도인은 아니었지만, 유대교적 영향하에서 진리의 일면을 보았다는 것은 부인할 수 없을 것 같습니다. 나와 구별되고 나와 다른 타자를, 하나님께서 나에게 허락하신 축복으로 수용하고 예찬하는 것의 중요성을 레비나스는 보았던 것입니다.

삼위일체 하나님의 세 위격도 마찬가지입니다. 아버지는 아들과 성령을 존중하고 인정하고, 아들과 성령의 얼굴 속에서 자신을 발견합니다. 아들은 아버지와 성령을 존중하고 인정하고, 아버지와 성령의 얼굴 속에서 자신을 발견합니다. 성령은 아버지와 아들을 존중하고 인정하고, 아버지와 아들의 얼굴 속에서 자신을 발견합니다. 또한 아버지는 타자인 아들과 성령을 존중하고 인정하고 환대합니다. 아들은 아버지와 성령을 존중하고 인정하고 환대합니다. 성령은 아버지와 아들을 존중하고 인정하고 환대합니다. 이 세 위 간에 무시와 저주와 정죄가 결코 자리 잡을 수 없습니다. 삼위일체 영성은 우리에게 다양성을 존중하고 예찬해야 함을 가르칩니다. 우리 옆에 있는 타자와 이웃을 존중하고, 인정하고, 환대하고, 수용해야 함을 가르칩니다. 인간은 타자와의 바른 관계 속에서만 자신의 정체성을 확인할 수 있고, 바른 인간이 될 수 있습니다. 내가 진정한

'나'가 되는 길은 오직 타인과의 바른 관계를 통해서라는 뜻입니다. 요컨대 다른 이가 없으면 나도 없다는 뜻입니다.

오늘날 세상에서 일어나는 수많은 비극들은 서로가 서로를 인정하지 못하고 수용하지 못한 데서 발생합니다. 나와 다름을 도대체 수용하지 못하는 것이 죄 된 인간입니다. 백인은 흑인의 다름을 수용하지 못하여 흑인을 노예 삼고 차별해 왔습니다. 이 인종차별의 비극은 수많은 상처와 죽음과 희생을 낳았습니다. 백인은 옳고 흑인은 틀렸다는 이분법, 백인은 우월하고 흑인은 열등하다는 이분법이 서로를 정죄하고 저주하는 무서운 비극을 낳았습니다. 독일인은 옳고 유대인은 틀렸다는 이분법, 독일인은 우월하고 유대인은 열등하다는 이분법, 독일인은 선하고 유대인은 악하다는 이분법이 600만 명의 유대인을 학살하는 참상을 가져왔습니다. 이러한 비극은 백인과 흑인이 타인을 축복으로 인정하고 존중하는 삼위일체 영성을 체현할 때에만 사라질 것입니다. 유대인과 독일인이 서로를 환대하고 존중하는 삼위일체 영성을 실천할 때, 인종의 다양성을 하나님의 축복의 섭리로 받아들이는 삼위일체 영성이 체화될 때에만 사라질 것입니다.

하지만 안타깝게도 이 세상에서는 어느 누구도 완전하게 삼위일체 영성을 체현할 수 없습니다. 그래서 우리는 하나님 나라의 완성을 고대합니다. 예수 그리스도의 인격과 사역 속에서 하나님 나라가 이미 이 땅에 임했고, 그로 인해 우리 그리스도인들은 하나님의 나라에 들어가게 되었으며 부분적으로나마 하나님 나라의 의와 평강과 희락을 누리고 있습니다. 또한 우리 그리스도인들이 삼위일체 영성을 부분적으로 체현하고 있습니다. 그러나 하나님의 나라는, 이미 도래했지만 아직 완성되지 않았습니다 already but not yet. 하나님의 나라가 완성될 때 비로소 삼위일체 영성이 우리 삶에서 온전히 실현될 것입니다.

삼위일체 영성이 온전히 실현되는 날이 미래에 있다 하더라도 우리는 지금 이곳에서 삼위일체 영성을 추구하고 체화해 가야 합니다. 그것이 사도 바울이 우리에게 준 권면을 따르는 삶입니다.

> 내가 이미 얻었다 함도 아니요 온전히 이루었다 함도 아니라 오직 내가 그리스도 예수께 잡힌 바 된 그것을 잡으려고 좇아가노라 형제들아 나는 아직 내가 잡은 줄로 여기지 아니하고 오직 한 일 즉 뒤에 있는 것은 잊어버리고 앞에 있는 것을 잡으려고 푯대를 향하여 그리스도 예수 안에서 하나님이 위에서 부르신 부름의 상을 위하여 좇아가노라 빌 3:12-14.

다양성 안에서 연합을 추구

삼위일체 영성의 두 번째 핵심은 다양성 안에서 통일성을 추구하는 것입니다. 다양성을 존중하고 예찬하는 맥락에서 일치와 하나 됨과 연합을 추구하는 것입니다. 성부와 성자와 성령 세 위격은 타자를 수용하고, 존중하고, 예찬하고, 환대하는 삶의 방식을 유지하고 계십니다. 삼위일체 하나님은 세 위격이라는 다양성을 구유하고 계십니다. 그러나 삼위일체 하나님의 다양성은 결코 파괴적이고 무질서한 분열주의나 대립주의로 퇴락되지 않습니다. 오히려 세 위격의 다양성이라는 맥락에서 온전히 하나 됨을 유지하고 계십니다. 다양성이 통일성과 모순되는 모습으로 존재하는 것이 아니라, 아름답게 조화되는 모습으로 존재합니다.

그러나 이 세상에서 일어나는 수많은 비극적인 일은 다양성이 분열과 대립으로 치달음으로써 시작됩니다. 같은 회사의 직원들이 한마음으로 회사를 발전시키려고 할 때 그 회사는 반드시 잘되게 되어 있습니다. 그러나 같은 회사에서 일하는 직원들이면서도 한마음이 되지 않고 서로 간의 경쟁과 대립과 분열이 계속될 때 그 회사는 반드시 망하게 됩니다. 같은 이념과 가치를 공유하면서 구성된 어떤 정당의 당원들이 서로 간의 통일성과 하나 됨을 지키지 못하고 서로 대립하고 반목하고 질시할 때 그 정당은 바른 정치에 기여할 수 없습니다. 한 나라의 다양한 국민들이 하나 됨과 연합과 통합을 추구하지 못하고 무질서와 분열과 대립을 일삼는다면, 그 나라는 아름답게 발전할 수 없습니다.

삼위일체 영성은 다양성을 존중하는 영성입니다. 그러나 다양성을 존중한다는 미명하에 통일성과 일치와 하나 됨이 무너져서는 안 됩니다. 무질서한 분열과 대립은 멸망과 죽음을 불러올 뿐입니다. 삼위일체 영성은 다양성과 통일성이 균형 잡히고 조화되는 영성입니다. 다양성의 이름으로 통일성이 무시되지 않고, 통일성의 이름으로 다양성이 억압되지 않는 영성입니다.

죄는 분리와 분열과 무질서를 가져왔습니다. 아담과 하와의 타락은 그들과 하나님 사이의 하나된 관계를 깨뜨렸습니다. 아담과 하와 사이의 관계를 깨뜨렸습니다. 뿐만 아니라 자기 자신과의 관계도 깨어졌습니다. 그 결과 자신을 수치스럽게 여기기 시작했습니다. 죄로 인해 인간과 자연만물 사이의 관계도 깨어졌습니다. 자연만물은 인간에게 저항하기 시작했습니다. 만물과 만물 사이의 조화롭고 평화로운 관계도 깨어졌습니다. 죄로 인한 이러한 분열과 무질서를 치유하는 길은 삼위일체 영성에 기초한 관계의 회복에 있습니다. 우리가 삼위일체 영성을 추구하고 실현해 나갈 때 하나 됨과 연합과 일치의 삶을 체험할 수 있게 됩니다.

페리코레시스의 관계성

삼위일체 영성의 세 번째 핵심은 페리코레시스의 관계성입니다. 헬라어 페리코레시스는 상호 내주를 의미합니다. 성부와 성자와 성령의 세 위격은 서로서로 안에 내주해 계십니다. 성부는 성자와 성령 안에 내주해 계십니다. 성자는 성부와 성령 안에 내주해 계십니다. 성령은 성자와 성부 안에 내주해 계십니다. 여기서 내주라는 말은 '침투'라는 단어로도 번역될 수 있습니다. 성부와 성자와 성령은 서로 안에 침투해 계시며, 서로를 관통해 계십니다. 또한 내주는 '참여'라는 단어로도 번역될 수 있습니다. 성부는 성자와 성령의 삶에 온전히 참여하십니다. 성자는 성부와 성령의 삶에, 성령은 성부와 성자의 삶에 온전히 참여하십니다.

성부와 성자와 성령 삼위일체 하나님 안에 있는 상호 내주의 관계성은 성부와 성자와 성령 각 위격이 다른 위격과 분리되거나 독립되어 개별자로 존재하지 않으신다는 것을 보여 줍니다. 다시 말하면, 각 위격의 존재와 삶이 다른 위격들의 존재와 삶에 의존되어 있음을 보여 줍니다. 삼위일체 하나님의 세 위격은 상호 의존의 관계 속에서 존재하시고 삶을 영위해 가십니다.

삼위일체 하나님 안에 있는 상호 내주의 관계성은 대단히 의미심장합니다. 그것은 18세기 계몽사상 이후로 모더니티 ^{modernity}가 강조했던 인간 개인의 자존성과 자율성의 이념을 무너뜨리는 의미가 있습니다. 즉, 피조물 개인의 충족성과 독립성과 자율성을 지나치게 강조하는 유아독존식 삶의 방식은 하나님의 존재 방식과 삶의 방식에 정면으로 위배된다는 것입니다. 타인의 존재와 삶을 무시하거나 무관심한 채 개인의 안위만을 추구하는 개인주의는 하나님의 삶과 존재 방식에 일치하지 않는다는 것입니다. 개인의 차이와 다양성을 무시한 채 집단의 안위만을 추구하는 집단주의도 하나님의 존재 방식에 일치하지 않는다는 것입니다. 삼위일체 하나님 안에 있는 상호 내주의 관계성은 우리 자신의 존재와 삶이 타인의 존재와 삶에 의존되어 있음을 가르쳐 줍니다. 상호 의존에 기초한 타인과의 바른 관계 속에서 살아가는 삶이 바로 삼위일체 하나님의 삶의 방식에 일치하는 삶이라는 것을 깨닫게 되는 것입니다.

사랑의 코이노니아와 디아코니아

삼위일체 영성의 네 번째 핵심은 상호 내주와 상호 의존의 관계가 곧 사랑의 사귐과 섬김으로 지탱된다는 것입니다. 성부는 성자와 성령을 사랑하시고, 성자는 성부와 성령을 사랑하시고, 성령은 성부와 성자를 사랑하십니다. 이 사랑의 사귐은 영원한 사귐입니다. 그리고 이 사랑의 사귐은 서로를 섬기는 삶으로 확대됩니다. 성부는 성자와 성령을 높이시고, 성자는 성부를 섬기시며 성령을 높이시고, 성령은 성자를 섬기시며 성부를 높이십니다. 성부·성자·성령 세 위격은 서로를 사랑하시고 영광스럽게 하시며, 서로를 인정하시고 복종하시며, 서로를 섬기시고 증거하시는 지극히 아름다운 사귐과 교통 가운데 존재하십니다. 성부·성자·성령은 연합적 친교의 공동체, 즉 커뮤니언을 이루고 계십니다.

삼위일체 영성의 본질은 다양한 사람들이 서로를 존중하고 인정하며 환영하고 높이는 사랑의 사귐입니다. 사랑으로 충만한 코이노니아입니다. 그런데 서로를 사랑하는 이 코이노니아는 서로에 대하여 섬기고 종노릇하는 디아코니아의 삶으로 확대됩니다. 서로를 사랑한다는 것은 사랑의 이름으로 타인을 착취하거나 이용하는 삶이 아니라는 것입니다. 서로를 참되게 사랑하는 관계는 타인에게 종노릇하고, 타인을 섬기고, 타인을 위하여 자신을 내어주고 희생하는 아가페적인 디아코니아의 관계입니다.

Note

중요 용어

피조물의 선성 goodness of the creation 하나님께서 말씀으로 창조하신 모든 피조물은 하나님 보시기에 좋은 것이라는 창조신학적 근본 사상. 몸을 악하고 무가치한 것으로 보는 영지주의, 특정한 시공간만을 거룩하다고 여기는 이원론과 정반대된다.

엠마누엘 레비나스 Emmanuel Levinas, 1906-1995 20세기 프랑스 출신의 유대인 철학자로서 모더니티 modernity 와 포스트모더니티 postmodersnity 양자를 비판하는 '타자의 철학'을 전개하였다. 그는 타자의 철학을 통해서 절대적 윤리의 가능성을 강조하였다.

개인주의 individualism 18세기 계몽사상 이래로 인간의 독립성과 자존성과 자유를 강조하는 사상. 국가나 사회나 공동체에 의한 개인의 목표와 욕구를 억압하고 간섭하는 것을 가장 큰 악으로 규정함.

집단주의 collectivism 개인의 자유와 가치, 독립성과 자존성을 억압하고 집단의 가치와 목표를 강조하는 사상. 집단과 전체의 이름으로 개인의 존엄성을 억누르는 공산주의와 사회주의 체제와 관련된다. 집단의 가치에 순응하지 않는 것을 가장 큰 악으로 규정함.

토론 문제

1. 하나님의 창조 원리가 다양성의 존중이라는 사실을 증명하는 성경의 실례들을 찾아봅시다.
2. 엠마누엘 레비나스의 '타자의 철학'과 삼위일체 영성 사이의 유사점은 무엇입니까?
3. 삼위일체 영성이 추구하는 연합적 친교의 공동체는 어떤 의미에서 개인주의와 반대됩니까? 또한 어떤 의미에서 집단주의와 반대됩니까?

4. 삼위일체 영성을 어떻게 가정생활에 적용할 수 있나요?

성부·성자·성령 삼위일체 하나님이 구유하고 계신 삼위일체 영성은 우리 삶의 전 영역에서 추구되고 실현될 수 있습니다. 그중에서도 가장 중요한 삶의 영역은 가정입니다. 가정생활에서 우리는 어떻게 삼위일체 영성을 실현할 수 있을까요? 그리고 삼위일체 영성이 가정에서 구현될 때 우리는 어떤 유익을 누리게 될까요?

남편과 아내 사이에

우선 부부관계에 삼위일체 영성을 적용해 봅시다. 성경은 하나님께서 아주 큰 관심을 가지고 부부관계를 창조하셨음을 보여 줍니다. 창세기 1장에 나타나 있듯이 하나님은 모든 만물을 말씀으로 창조하셨습니다. 그리고 창조하신 만물들은 하나님 보시기에 좋았습니다. 즉, 하나님은 그분의 창조 행위와 창조 결과를 모두 기뻐하셨다는 말입니다. 그런데 창조된 만물들 가운데에 하나님 보시기에 좋지 못한 것이 있었습니다.

> 여호와 하나님이 가라사대 사람의 독처하는 것이 좋지 못하니 내가 그를 위하여 돕는 배필을 지으리라 창 2:18.

하나님은 돕는 배필 없이 지내는 것은 좋지 못하다고 말씀하셨습니다. 그리고는 친히 아담을 위하여 배필을 지으실 것이라고 선언하셨습니다. 그러므로 결혼은 하나님이 창조하시고 제정하신 제도입니다. 부부관계는 하나님께서 맺어 주신 존귀한 관계입니다. 아내와 남편의 관계 속에 삼위일체 영성이 실현될 때 그 부부는 가장 이상적이고 아름다운 관계를 향유할 수 있게 됩니다. 왜냐하면 삼위일체 영성이 체현된 부부야말로 결혼을 향한 하나님의 디자인에 일치하는 관계이기 때문입니다.

다양성의 존중과 예찬

수년 전 출간되어 베스트셀러가 된 책《화성에서 온 남자 금성에서 온 여자》에서는 한 남자와 한 여자가 만나서 데이트를 하고 결혼생활을 해 나갈 때 가장 먼저 부딪히는 문제가 바로 서로가 너무나 다르다는 사실이라고 주장합니다. 이 사실에 대한 깨달음이 없을 때 두 사람은 끊임없이 싸우고 갈등할 수밖에 없다고 합니다. 그래서 이 책의 저자는 상대^{이성}가 다른 별^{화성 또는 금성}에서 온 사람처럼 자신과는 다른 존재라는 사실을 알아야 하고, 그 사실을 인정하며 존중할 수 있어야 두 사람의 관계가 원만하고 아름답게 될 수 있다고 충고합니다.

삼위일체 영성을 추구하는 우리 그리스도인들은 다양성과 다름을 존중하고 예찬할 수 있습니다. 이러한 다양성의 존중과 예찬은 바로 남편과 아내 사이에서 반드시 추구되고 체현되어야 합니다. 남편은 아내가 아닙니다. 아내는 남편이 아닙니다. 남편은 아내에게 타자요, 아내는 남편에게 타자입니다. 근원적으로 남성과 여성 사이에는 창조주 하나님이 부여하신 차이가 있습니다. 남편의 성격은 아내의 성격과 많은 경우 다릅니다. 남편의 가치관도 다릅니다. 남편의 식성도 다릅니다. 아내의 취미와 남편의 취미도 다릅니다. 취향이 다르고 살아온 삶의 경험이 다르고 가정환경이 다르고 기호가 다릅니다. 서로 너무나 깊이 사랑해서 만난 관계일지라도 둘 사이의 차이는 어찌할 수 없는 현실입니다.

　문제는 이 차이를 어떻게 다루어 가느냐에 달려 있습니다. 많은 부부들이 이 차이를 없는 것처럼 무시하는 함정에 빠져 듭니다. 차이가 있고 다름이 있는데 그것을 없는 것처럼, 또는 그 차이가 별로 큰 문제가 아닌 것처럼 무시해 버리는 것은 현실 도피에 불과합니다. 다름의 현실을 무시하고 도피할 때 갈등의 골은 더 깊어지고, 그 갈등은 분열을 재촉할 수밖에 없습니다. 또 많은 부부들은 한쪽의 배우자가 다른 쪽에 맞추어 나가는 방식으로 이 문제를 풀려고 합니다. 그래서 가부장적인 문화권에서는 아내가 남편의 삶의 스타일에 일방적으로 맞추어 갑니다. 아내는 자신의 생각, 판단, 독특한 경험과 지혜 등을 포기해 버리고 그저 남편의 생각과 판단과 경험과 취향과 기호에 맞추어 살아갑니다. 이렇게 함으로써 문제가 사라진 것 같지만 사실은 더 큰 문제를 키우고 있는 꼴이 됩니다. 일방적으로 아내가 희생하게 되고, 따라서 아내의 건강한 자기 존중감이 자라지 못하게 됩니다. 아내가 지나치게 자신을 희생해야 하는 환경에서 남편은 때때로 아내에게 물리적 폭력이나 언어적 폭력을 가하게 됩니다. 그러면 아내는 엄청난 상처에 시달리게 됩니다. 아내의 이러한 희생과 상처를 매개로 형식적인 부부관계가 유지는 되지만, 이것은 건강하지 못한 관계입니다.

  그렇다면 삼위일체 영성의 관점에서는 부부 사이의 차이를 어떻게 극복할 수 있을까요? 그것은 성부와 성자와 성령 삼위일체 하나님의 세 위격이 서로 간의 차이와 다름을 수용하고 존중하고 예찬하는 것처럼, 그러한 삶의 방식을 우리 그리스도인들의 부부관계에 실현해 나갈 때 가능합니다. 남편은 아내를 자신과 다른 타자로서 수용하는 법을 배워야 합니다. 남편은 아내를 자신과 다른 존재로서 인정하고 존중하는 법을 배워야 합니다. 남편은 아내를 자신에게 주신 하나님의 선물로서 존중하고 아내의 존재를 예찬하고 귀히 여기는 법을 배워야 합니다. 왜냐하면 남편은 아내와의 바른 관계 속에서만 자신의 정체성을 발견할 수 있고, 바른 인간이 될 수 있기 때문입니다. 아내도 마찬가지입니다. 아내는 남편과의 바른 관계 속에서만 자신의 정체성을 발견할 수 있고 바른 인간이 될 수 있습니다.

> 남편 된 자들아 이와 같이 지식을 따라 너희 아내와 동거하고 저는 더 연약한 그릇이요 또 생명의 은혜를 유업으로 함께 받을 자로 알아 **귀히 여기라** 벧전 3:7.

  남편은 아내를 자기와 동일한 존재로 만들기 위해서 획일성을 강요해서는 안 됩니다. 오히려 남편은 아내가 자신과 다르다는 사실, 그 자체를 존중하고 예찬할 수 있어야 합니다. 아내가 아내 자신이 될 수 있도록 남편은 기회를 제공해 주어야 합니다. 하나님께서 아내에게 주신 독특한 은사와 재능을 잘 계발하고 발휘할 수 있도록 권면하는 자가 되어야 합니다.

아내도 마찬가지입니다. 아내 역시 남편을 자기 자신과 다른 존재로 인정하고 존중하는 법을 배워야 합니다. 아내는 남편을 자신에게 주신 하나님의 선물로서 존중하고 남편의 존재를 예찬하는 법을 배워야 합니다. 아내는 남편을 자기와 동일한 존재로 만들기 위해서 획일성을 강요해서는 안 됩니다. 오히려 아내는 남편이 자신과 다르다는 사실, 그 자체를 존중하고 예찬할 수 있어야 합니다. 아내는 남편이 남편 자신이 될 수 있도록 기회를 주어야 합니다. 아내는 하나님께서 남편에게 주신 독특한 은사와 재능을 잘 계발하고 발휘할 수 있도록 권면하고 돕는 자가 되어야 합니다.

서로의 다름과 차이를 인정하고 존중하는 삼위일체 영성의 핵심이 부부관계에서 실현될 때, 그 부부의 삶 속에는 의와 평강과 희락의 나라인 하나님 나라가 구현되는 것입니다.

다양성 안에서 연합을 추구

부부는 서로 다른 사람이 만나 결혼을 통하여 이루어진 관계입니다. 그렇기 때문에 서로의 다름과 차이를 인정하고 존중하고 예찬하지 않고서는 건강한 부부로서 삶이 성숙되어 갈 수 없습니다. 그러나 두 사람의 다름과 차이를 존중하고 예찬하는 맥락에서 부부는 중단 없이 통일성과 일치와 하나 됨과 연합을 추구해 가야 합니다. 여기서 하나가 되고 일치가 된다는 것은 다름이나 차이를 완전히 없애 버리는 획일성의 실현이 아닙니다. 다름과 차이를 있는 그대로 존중하고 예찬하면서, 서로 간의 친밀한 인격적 연합을 추구해야 한다는 말입니다. 영성이 하나가 되고 마음이 하나가 되고 뜻이 하나가 되고 삶의 목적과 가치가 하나가 된다는 뜻입니다. 성적 연합을 통해서 몸이 하나가 되고, 생각과 뜻과 목적과 가치의 연합을 통해서 정신이 하나가 되고, 믿음과 영성의 연합을 통해서 영혼이 하나가 되는 것을 의미합니다.

> 이러므로 남자가 부모를 떠나 그 아내와 연합하여 둘이 한 몸을 이룰지로다 창 2:24.

    두 사람의 독특한 개성은 있는 그대로 서로 존중해 주어야 합니다. 하나님께서 두 사람에게 주신 독특한 은사와 재능, 취향과 기호 역시 그대로 존중되고 예찬되어야 합니다. 좋아하는 음악이 다를 수 있고, 좋아하는 문학적 장르가 다를 수 있고, 좋아하는 영화나 운동이 다를 수 있습니다. 부부관계 속에서 각자는 다른 사람의 다름을 다름으로 수용해 내는 법을 배우고, 그 점에서 계속 훈련되고 성숙되어 가야 합니다.

    한편, 남편과 아내는 끊임없이 하나 됨과 연합과 일치를 추구해 가야 합니다. 무엇보다도 삼위일체 하나님을 우리의 몸과 마음과 뜻과 정성을 다하여 사랑하고, 무엇을 하든지 하나님의 영광을 위하여 한다는 인생의 대목적에서 하나가 되어야 합니다. 또한 위로 하나님을 사랑하고 하나님께 영광을 돌리는 삶은, 우리 옆의 이웃들을 우리의 몸처럼 사랑하고 아껴 주는 삶이라는 인생의 대전략에서 하나가 되어야 합니다. 그리고 하나님께서 예수님을 통하여 우리를 구원하신 것은 땅 끝까지 이르러 주 예수의 증인이 되고, 이 땅의 모든 족속으로 제자를 삼게 하시기 위함이라는 인생의 대사명에서 하나가 되어야 합니다.

    어떻게 하나님을 사랑하고 하나님의 영광을 위해 살 것인지는 부부 사이에 차이가 있을 수 있고, 또 있어야 합니다. 어떻게 우리의 이웃을 우리 몸처럼 사랑할 것인지, 어떻게 예수 그리스도의 복음을 땅 끝까지 증거하고 세상의 모든 족속을 제자 삼을 것인지 하는 선교전략의 문제에서 남편과 아내는 다른 관점을 가질 수 있고, 또 가져야 합니다. 예를 들어, 아내는 가정을 지키며 하나님께서 주신 자녀들을 말씀으로 잘 양육함으로써 그들을 통한 간접 선교를 지향할 수 있습니다. 반면 남편은 직장생활을 하면서 그곳에서 세상의 소금과 빛이 됨으로써 선교명령을 성취할 수 있습니다. 그러나 삶의 방식과 스타일이 어떠하든 남편과 아내는 하나님 영광, 하나님 사랑, 이웃 사랑이라는 차원에서 한마음과 한뜻으로 연합해야 합니다. 이런 관계가 바로 삼위일체 영성이 체현되는 부부관계입니다.

남편과 아내가 함께 누리는 영적인 연합, 인격적인 친밀감, 육체적인 하나 됨, 인생의 목적과 가치 면에서 일치됨은 성부와 성자와 성령 세 위격이 함께 누리고 계시는 온전한 하나 됨의 모형이 됩니다. 남편과 아내가 서로 다름과 차이를 인정하고 존중하고 예찬하면서도, 온전한 하나 됨의 연합적 친교를 이루어 갈 때, 그 부부는 삼위일체 하나님이 누리고 계시는 온전한 연합적 친교를 이 땅에서도 맛보게 되는 것입니다. 비록 영원하고 완전한 천국은 미래에 있지만, 지금 이곳에서 하나님 나라의 의와 평강과 희락을롬 14:17 부분적으로 미리 체험하고 맛보게 되는 것입니다.

페리코레시스의 관계성

남편과 아내의 관계는 페리코레시스의 관계가 추구되고 실현되는 공간이 되어야 합니다. 남편이 자신의 독립성과 자율성을 지나치게 강조하면서 유아독존식의 삶을 살아가는데 어떻게 하나님께서 설계하신 진정한 부부관계가 이루어질 수 있겠습니까? 아내가 자신의 충족성과 자율성을 극단적으로 강조하면서 남편의 삶에 무관심한데 어떻게 하나님께서 원하시는 부부관계가 이루어질 수 있겠습니까?

성부·성자·성령 삼위일체 하나님의 세 위격이 누리고 계시는 상호 내주의 관계는 우리 그리스도인들의 부부관계에서도 추구되고 구현되어야 합니다. 남편은 아내의 삶에, 아내는 남편의 삶에 참여해야 합니다. 남편과 아내는 서로서로에게 의존되어 있습니다. 남편의 삶은 아내와의 바른 관계에 의존되어 있습니다. 아내의 삶은 남편과의 바른 관계에 의존되어 있습니다. 남편은 아내의 인격과 삶에 대해서 구체적으로, 체험적으로 알아야 합니다. 아내도 그렇습니다. 알 뿐 아니라 서로의 삶에 깊은 관심을 가지고 최대한 서로의 삶에 참여해야 합니다.

일반적으로 유교적 가정질서는 부부유별夫婦有別을 강조해 왔습니다. 남편과 아내 사이에는 구별이 있다는 것입니다. 그것은 다름과 차이를 인정하고 존중한다는 점에서 삼위일체 영성과 공통됩니다. 하지만 유교적 가정질서에서는 부부간의 온전한 하나 됨을 강조하지 않습니다. 또한 부부 사이에 상호 내주의 관계성을 강조하지 않습니다. 그것이 유교의 근원적 허점입니다. 그래서 유교적 가부장제 사회에서는 남편의 바깥일과 아내의 집안일을 지나치게 구별합니다. 남편은 아내의 살림살이에 참여하려고 하지 않습니다. 남편이 아내의 살림살이에 참여하는 것을 부끄러운 일로 여기고 숨기려고 합니다. 아내 역시도 남편의 바깥일에 참여하는 것은 물론이고, 간섭조차 못하게 되어 있습니다. 아내가 나서면 남편의 바깥일에 도움이 되지 않는다는 생각이 지배적이기 때문입니다.

하지만 삼위일체 영성은 남편과 아내의 상호 내주와 상호 침투와 상호 참여를 권면합니다. 남편은 아내의 삶에 참여해야 합니다. 아내의 삶에 참여하기 위해서는 서로 간에 막힘이 없는 의사소통이 이루어져야 합니다. 남편은 귀를 열고 아내의 말을 들어야 합니다. 듣고서 아내의 삶에 참여하기 위해서 자신이 할 수 있는 일들을 감당해야 합니다. 그렇다고 해서 모든 영역에서 남편이 주된 역할을 감당할 수는 없을 것입니다. 예를 들어, 가족의 식사를 준비하거나 자녀들을 세밀하게 챙겨 주는 일들은 아내가 주된 역할을 감당할 것입니다. 그렇다고 해서 그런 일들은 대부분 아내의 책임이기 때문에 남편은 동참할 필요가 없다고 한다면, 그것은 삼위일체 영성과 모순된 생각입니다. 주로 아내가 감당해야 할 일이라고 서로 합의한 일들에 대해서도 남편은 아내와 동일한 관심과 열정을 기울여야 합니다. 그것이 삼위일체 영성을 추구하고 구현하고자 하는 그리스도인 남편들의 의무이자 특권인 것입니다.

가정에서 아내가 하는 가사일뿐만 아니라, 아내의 신앙생활과 관련된 일에서도 남편은 최대한 동참해야 합니다. 아내의 말씀생활과 기도생활에 대해서 남편은 관심을 가져야 하고 가능한 함께 하나님 말씀을 사모하고 기도하는 상호 참여적 삶의 모습을 지향해 나가야 합니다. 아내의 정서적인 삶에 대해서도 마찬가지입니다. 아내의 감성과 정서가 성경적으로 균형 잡히게 계발되도록 남편은 수고하고 노력해야 합니다. 함께 미술관이나 박물관을 방문하고, 영화를 보러 가거나 음악회에 참여하고, 때로는 함께 찬양대의 일원이 되어 발표회에 동참해 보는 것도 정서적인 삶에 동참하는 좋은 기회들이 될 것입니다.

아내 또한 남편의 삶에 참여해야 합니다. 가부장제 사회에서는 아내가 남편의 바깥일에 대하여 침묵하는 것을 미덕으로 여겨 왔습니다. 남편이 밖에서 하는 일에 대해서 아내가 모르는 것이 좋고, 설령 알게 되어도 참견하지 않는 것이 미덕이라고 여겨 왔습니다. 그러나 이런 삶의 모습은 삼위일체 영성이 지향하는 삶의 모습과 정반대됩니다. 삼위일체 영성을 추구하고 구현하고자 하는 그리스도인 아내들은 남편들이 사회에 나가서 무슨 일을 하는지, 또 그 일을 하면서 어떤 어려움에 부딪히고 어떤 고민들을 하는지에 대해서 관심을 기울여야 합니다. 아내가 남편의 삶에 대해서 구체적으로 알기 위해서는 상호 간에 막힘 없는 대화와 의사소통이 있어야 합니다. 의사소통 없이 어떻게 서로에 대해서 알 수 있겠습니까?

삼위일체 영성을 지향하고 추구하는 그리스도인 아내라면 반드시 남편의 삶에 동참할 수 있어야 합니다. 남편의 고민을 공유할 수 있어야 합니다. 남편이 겪는 어려움을 알고 그 짐을 함께 질 수 있어야 합니다. 성부와 성자와 성령 세 위격이 서로의 삶에 온전히 참여하고 서로의 존재 속에 온전히 내주해 계시듯이 그리스도인 남편과 아내들 역시 서로의 삶에 온전히 참여하고 서로의 인격 속에 온전히 내주할 수 있을 만큼 깊은 신앙적·인격적 사귐을 추구해 가야 합니다.

사랑의 코이노니아와 디아코니아

부부관계 속에 실현되어야 할 삼위일체 영성의 또 다른 핵심은 사랑의 사귐과 상호 섬김입니다. 에베소서 5장 22-33절은 그리스도인 남편과 아내가 어떤 사귐을 지향해야 하는지 잘 가르쳐 줍니다. 주님은 아내들에게 명령합니다.

> 아내들이여 자기 남편에게 복종하기를 주께 하듯 하라 이는 남편이 아내의 머리 됨이 그리스도께서 교회의 머리 됨과 같음이니 그가 친히 몸의 구주시니라 그러나 교회가 그리스도에게 하듯 아내들도 범사에 그

남편에게 복종할지니라 엡 5:22-24.

주님은 아내들에게 자기 남편에게 복종하라고 명령하십니다. 그 이유는 그리스도께서 교회의 머리 됨과 같이 남편이 아내의 머리가 되기 때문입니다.

우리는 이 말씀을 삼위일체 영성의 관점에서 바르게 해석해야 합니다. 우선 아내는 남편에게 복종해야 합니다. 그렇다고 남편의 폭력이나 힘 앞에 복종하고 굴종하라는 것이 아닙니다. 혹은 남편이 아내보다 우월하기 때문에 열등한 아내가 남편에게 복종해야 된다는 말씀도 아닙니다. 아내는 항상 남편에게 복종하고 남편은 아내에게 복종할 필요가 없다는 뜻도 아닙니다. 왜냐하면 22절에서 아내가 남편에게 복종할 것을 명령하신 주님은 그 이전 구절인 21절에서 "그리스도를 경외함으로 피차 복종하라"는 대원칙을 이미 천명하셨기 때문입니다. 그러므로 남편과 아내, 아내와 남편은 그리스도를 경외함으로 피차 상호 복종해야 하는 의무 속에 있는 것입니다.

아내가 남편에게 하는 복종은, 남편이 그리스도의 뜻을 따라 아내를 자기 몸처럼 사랑해 줄 때 그 사랑에 대한 감격과 감사에서 나오는 자발적인 복종이어야 합니다. 그리고 주님을 경외하기 때문에 피차 복종하는 차원에서의 복종이어야 합니다. 주님은 남편도 아내에게 복종하라고 말씀하고 계십니다.

아내가 남편에게 복종하는 것은 "남편이 아내의 머리 됨이 그리스도께서 교회의 머리 됨과 같음"이라는 말씀을 어떻게 이해해야 하는지에 달려 있습니다. 전통적인 주석가들은 "머리"라는 표현을 계급적 위계질서 hierarchy로 해석해 왔습니다. 그래서 그리스도가 교회보다 높으신 것같이,

남편도 아내보다 높다는 의미로 해석했습니다. 언뜻 보면 일리가 있는 것도 같습니다. 하지만 최근 몇몇 주석가들은 이 "머리"라는 표현이 계급적 우월성을 의미하는 것이 아니라 '근원' 혹은 '원천'을 의미한다고 밝혀냈습니다. 즉, 강물의 근원과 원천이 있고 그것에 잇댄 강줄기가 있듯이, 그리스도는 교회의 근원과 원천이시고 교회는 그리스도에 잇댄 강줄기가 된다는 말입니다. 다시 말하면, 남편이 아내의 머리가 된다는 것은 남편이 아내보다 우월하거나 계급적으로 더 높은 존재라는 의미가 아니라, 남편은 아내의 근원이요 원천이 되며 아내는 그 근원과 원천에 잇댄 강줄기가 된다는 말입니다. 그러므로 근본적인 의미에서 남편과 아내 사이의 계급적 차등구조란 존재하지 않는다는 것입니다.

저는 이러한 해석이 성경 전체의 가르침과 더 일맥상통한다고 봅니다. 주님께서 아내들에게 남편에게 복종하라고 명하신 것은 아내가 남편보다 열등한 존재이기 때문이 아니라, 남편이 아내의 근원과 원천으로서 존재하기 때문이라는 것입니다. 아내의 근원과 원천이 되는 남편의 존재를 인정해 주고 존중해 주는 삶의 방식이 바로 남편에게 복종하는 삶이란 뜻입니다. 이렇게 해석할 때, 남편 역시도 아내에게 복종해야 할 책임이 있다는 에베소서 5장 21절이 참된 의미를 갖게 됩니다. 또한 여기서 근원과 원천이라는 말은 '대표성'을 의미합니다. 남편과 아내는 둘 다 하나님의 형상을 따라 동등하게 창조되었지만, 부부관계에서 대표성은 남편에게 있습니다. 그러나 이 대표성 역시 부부 사이의 어떤 계급적 차등구조를 내포하지 않습니다. 동등한 두 사람 사이에 유지되어야 할 질서가 있다는 것일 뿐입니다.

아내에게 복종을 명령하신 주님은 남편들에게 아내를 사랑할 것을 명령하십니다.

> 남편들아 아내 사랑하기를 그리스도께서 교회를 사랑하시고 위하여 자신을 주심같이 하라…… 이와 같이 남편들도 자기 아내 사랑하기를 제 몸같이 할지니 자기 아내를 사랑하는 자는 자기를 사랑하는 것이라…… 그러나 너희도 각각 자기 아내 사랑하기를 자기같이 하고 아내도 그 남편을 경외하라 엡 5:25-33.

그리스도께서 교회를 자기 몸처럼 사랑하신 것같이 남편들은 아내를 자기 몸처럼 사랑해야 한다는 말씀입니다. 그렇다면 아내는 남편을 자기 몸처럼 사랑하지 않아도 되는 걸까요?

그렇지 않습니다. 주님은 이 명령을 주시기 전에 이미 "새 계명을 너희에게 주노니 서로 사랑하라 내가 너희를 사랑한 것같이 너희도 서로 사랑하라" 요 13:34고 명령하셨습니다. 또한 가장 큰 계명이 무엇이냐고 묻는 율법사에게 주님은 "네 마음을 다하고 목숨을 다하고 뜻을 다하여 주 너의 하나님을 사랑하라 하셨으니 이것이 크고 첫째 되는 계명이요 둘째는 그와 같으니 네 이웃을 네 몸과 같이 사랑하라 하셨으니 이 두 계명이 온 율법과 선지자의 강령" 마 22:37-40이라고 말씀하셨습니다. 남편에게 아내를 자기 몸처럼 사랑하라고 하시기 전에 이미 주님은, 남자와 여자 구별 없이 모든 그리스도인에게 모든 이웃을 자기 몸처럼 사랑하라고 명령하셨습니다. 그러므로 아내도 남편을 자기 몸처럼 사랑해야 할 의무가 있습니다.

결국 에베소서 5장 22-33절 역시 성경 전체의 콘텍스트와 분리해서 해석하는 것은 오류일 수밖에 없습니다. 남편도 아내에게 복종해야 할 의무가 있으며, 아내도 남편을 자기 몸처럼 사랑해야 할 의무가 있습니다. 이런 전체적인 원리를 전제한 상태에서 위의 구절이 해석되어야 하는 것입니다.

이것은 삼위일체 하나님이 누리고 계신 사랑과 섬김의 사귐과도 일맥상통합니다. 성자는 성부께 철저히 완벽하게 복종하시고, 성부는 성자를 극진히 사랑하셨습니다. 주로 아버지는 아들을 사랑하시고 아들은 아버지께 복종하셨습니다. 그러나 아버지와 아들이 누리고 있는 교통에 대해서 성경은 아버지도 아들의 말씀에 복종하고 아들의 기도에 항상 응답하신다는 것을 증거합니다. 아들 역시도 아버지를 지극히 사랑하여 십자가에 죽기까지 순종하셨다고 말씀합니다. 아버지는 아들을 사랑하실 뿐만 아니라 영화롭게 하시고, 증거하시고, 인정하시고, 깊이 아신다고 성경은 말씀합니다. 아들도 마찬가지입니다. 아버지와 아들 간에도 상호 복종과 섬김의 교통이 있는데, 아들만 아버지께 복종하고 섬기는 것이 아니라, 아버지도 아들의 말을 들으며 섬기신다고 성경은 말씀합니다.

바로 이러한 관계가 부부간에도 적용되는 것입니다. 아내만 남편에게 복종하고 섬기는 것이 아니라 남편도 아내에게 복종하고 섬깁니다. 남편만 아내를 사랑하고 아내를 위하여 희생하는 것이 아니라 아내도 남편을 사랑하고 남편을 위하여 희생합니다. 이것이 삼위일체 영성이 구현될 때 누려지는 상호 사랑과 섬김의 사귐인 것입니다.

이와 더불어 삼위일체 하나님의 세 위격이 누리고 계시는 연합적 친교의 다른 측면들도 부부관계에서 체현되어야 합니다. 남편은 아내를 깊이 압니다. 아내도 남편을 깊이 압니다. 남편은 아내의 영혼과 육체 깊숙한 곳들을 속속들이 알고, 아내 역시 남편의 영혼과 육체의 깊은 곳들을 깊이 압니다. 남편은 아내를 높여 주고 영예롭게 합니다. 아내도 남편을 높여 주고 영예롭게 합니다. 남편은 아내를 인정하고 존중해 주고, 아내도 남편을 인정하고 존중해 줍니다. 남편이 아내를 뜨겁게 사랑하고 환대하듯 아내도 이와 같이 합니다. 섬김과 복종도 마찬가지입니다.

삼위일체 하나님 안에 있는 사랑의 사귐과 섬김의 교통이 부부관계에서 체현될 때 부부는 연합적 친교의 공동체를 이룹니다. 이 커뮤니언이 곧 하나님의 나라입니다. 이 커뮤니언을 이룬 부부들은 이 땅에서 하나님 나라를 미리 맛보게 됩니다. 이런 부부들이 많아지면, 세상도 이런 부부들로부터 선한 영향을 받게 될 것입니다. 그로써 세상을 좀더 하나님 나라에 가깝게 변화시키게 될 것입니다. 이렇게 될 때 하나님을 알지 못하던 세상 사람들이 이런 부부들의 삶을 통하여 하나님을 보게 되고, 하나님께 영광을 돌리는 놀라운 일이 일어나게 될 것입니다.

부모와 자녀 사이에

삼위일체 영성이 가정생활에서 구현될 때 부모와 자녀 사이의 관계도 혁명적인 변화를 경험하게 됩니다.

다양성의 존중과 예찬

오늘날 부모와 자녀의 관계는 큰 위기를 맞고 있습니다. 많은 이유가 있겠지만, 이 위기는 대체로 자녀를 하나님께서 잠시 맡겨 주신 선물로 생각하는 것이 아니라 자기의 소유로 생각하는 데서 생겨났습니다. 부모는 자신의 생각과 꿈을 자녀에게 강요합니다. 자녀가 부모를 대신해 주기를 기대합니다. 자녀로부터 대리만족을 얻기 위해 분투합니다. 즉, 부모와 자녀 사이에 있는 차이와 다름을 허락하지 않는 것입니다. 자녀가 부모와 다른 존재가 될 수 있는 공간을 허용하지 않습니다. 자녀를 사랑한다는 이름으로, 자녀를 아낀다는 이름으로 부모는 자녀에게 폭력을 가합니다. 부모와의 관계가 끊어진 자녀들은 가출이나 자살과 같은 극단적인 행동을 하게 됩니다.

　이러한 위기를 극복하는 유일한 길은 삼위일체 영성을 구현하는 데 있습니다. 무엇보다도 부모는 자녀가 나와 다른, 나와 구별된 존재라는 것을 인정해야 합니다. 이것이 참된 관계의 시작점입니다. 부모는 자녀를 부모와 같은 존재로 획일화하려고 해서는 안 됩니다. 그것은 하나님의 창조 원리와 배치됩니다. 다름을 존중하고 예찬할 수 있어야 합니다. 하나님께서 자녀를 다르게 창조하셨고 독특한 은사와 재능을 주셨으며, 독특한 사명을 부여하셨음을 인정해야 합니다. 자녀들이 많은 경우에는 그 자녀들 간에도 다양성이 있음을 인정해야 합니다. 아들과 딸이 다르게 창조되었습니다. 아들들이 서로 다르고 딸들이 서로 다릅니다. 각자의 성품이 다르고 관심이 다릅니다. 서로서로 구별되는 많은 특징들이 있습니다. 부모는 자녀가 부모와 다르다는 사실을 수용하고 인정하고 받아줄 수 있어야 합니다. 그러할 때 부모와 자녀 간에 아름다운 관계가 형성될 수 있습니다.

다양성 안에서 연합을 추구

　부모와 자녀는 똑같을 수 없습니다. 똑같게 하려고 강요해서도 안 됩니다. 그것은 삼위일체 영성의 관점에서 볼 때 건강하지 못한 일입니다. 하지만 부모와 자녀의 다름 속에서도 통일성과 일치와 하나 됨과 연합을 추구해야 합니다. 그 하나 됨과 일치는 오직 '주 안에서' 가능합니다.

　　　자녀들아 너희 부모를 주 안에서 순종하라 이것이 옳으니라 네 아버지와 어머니를 공경하라 이것이 약속 있는 첫 계명이니 이는 네가 잘되고 땅에서 장수하리라 또 아비들아 너희 자녀를 노엽게 하지 말고 오직 주의 교양과 훈계로 양육하라 엡 6:1-4.

엄밀하게 말해서 부모와 자녀는 주 안에서 하나입니다. 부모도 하나님의 아들과 딸이며, 자녀도 하나님의 아들과 딸입니다. 부모도 예수 그리스도의 신부이며, 자녀도 예수 그리스도의 신부입니다. 부모가 성령의 전殿이듯 자녀도 성령의 전이고, 부모가 예수 그리스도의 몸 된 교회의 지체이듯 자녀도 예수 그리스도의 몸 된 교회의 지체입니다. 부모가 섬기는 하나님과 자녀가 섬기는 하나님이 동일합니다. 부모를 구원하신 주님과 자녀를 구원하신 주님이 한 분입니다. 부모가 하나님께로부터 받은 믿음과 자녀가 하나님께로부터 받은 믿음이 하나입니다. 하나님 나라를 향한 부모의 소망과 자녀의 소망이 하나입니다. 부모가 삼위일체 하나님의 이름으로 받은 세례와 자녀가 받은 세례가 하나이고, 부모가 따라야 할 하나님의 뜻과 자녀가 따라야 할 하나님의 뜻이 하나입니다. 부모가 섬기는 교회와 자녀가 섬기는 교회가 하나입니다. 비록 다른 교회에 출석하고 있더라도 우주적인 차원에서 하나의 교회를 섬기고 있는 것입니다.

그러므로 삼위일체 영성을 추구하는 부모와 자녀는 주님 안에서 항상 하나 됨과 일치를 추구해 나가야 합니다. 각자의 직분이나 직업이나 관심이나 취향이나 기호는 얼마든지 다르고 다양할 수 있습니다만, 하나님을 사랑하고 이웃을 사랑하며, 땅 끝까지 복음을 전하고 하나님 나라를 확장하는 일에서는 온전히 하나가 되어야 합니다.

페리코레시스의 관계성

 삼위일체 하나님의 세 위격이 누리고 계시는 상호 내주의 관계성을 부모와 자녀 사이에도 적용할 수 있습니다. 물론 그리스도와 교회의 관계를 상징하고 있는 남편과 아내 사이만큼 깊이 있게 적용하기는 어렵지만, 상호 내주·상호 참여의 관계성은 부모와 자녀 사이에도 실현될 수 있습니다.

 우선 부모는 자녀의 삶에 관심을 가지고 참여하려고 노력해야 합니다. 특히 자녀가 어린 경우에는 자녀의 삶에 대한 부모의 참여가 절대적인 영향을 미칩니다. 부모가 여러 가지 핑계를 대면서 자녀의 삶에 무관심하고 참여하지 않는다면, 결코 성경적인 부모와 자녀 관계가 형성될 수 없습니다. 자녀의 삶에 동참하는 것을 방해하는 일이라면, 부모는 과감히 끊어 낼 수 있어야 합니다. 생계유지를 위해서 어쩔 수 없다는 이유를 댈 수도 있을 것입니다. 그렇지만 그런 악조건에서도 최대한 자녀의 삶에 동참하도록 노력해야 합니다. 자녀의 삶의 현장 속에 부모가 함께한다는 것만큼 자녀를 힘 있게 하는 것은 없기 때문입니다. 정말 어쩔 수 없는 이유 때문에 부모가 자녀의 삶에 동참할 시간이 없다면, 다른 방법을 택해서라도 그 공백을 메우려고 노력해야 합니다. 카드나 편지나 전화나 이메일 같은 보조수단을 이용해서라도 부모와 자녀 간에 막힘없는 의사소통이 이루어지도록 노력해야 합니다. 부모와 자녀의 삶은 긴밀하게 연결되어 있습니다. 자녀의 불행은 곧 부모의 불행과 연결됩니다. 자녀가 불행에 처해 있는데 어느 부모가 희희낙락할 수 있겠습니까?

 자녀가 아주 어릴 때뿐만 아니라 성인이 되었을 때에도 부모는 자녀의 삶에 대해서 구체적으로 알아야 합니다. 물론 결혼한 자녀의 경우에는 정신적·육체적·재정적으로 독립시켜야 합니다. 그러나 그것이 부모가 자녀의 삶에 동참할 수 있는 모든 가능성과 기회를 제거해야 한다는 의미는 아닙니다. 자녀의 독립성을 해치지 않는 범위 내에서 부모는 자녀들의 삶에 동참해야 합니다.

부모가 늙고 병들게 되면 자녀의 역할이 더 커집니다. 나중에는 자녀가 부모를 책임져야 할 때가 옵니다. 주님의 명령을 따라서 자녀는 부모를 주 안에서 공경해야 합니다. 자녀는 부모의 삶에 최대한 참여해야 합니다. 자녀는 부모님의 삶의 모습을 구체적으로 알아야 합니다. 또한 노쇠한 부모와 막히지 않는 의사소통을 해 나가야 합니다. 그래서 상호 참여라는 삼위일체 영성을 구현해야 합니다.

부모와 자녀는 서로에게 의존되어 있습니다. 부모와 자녀는 결코 완전히 분리될 수 없고, 분리되어서도 안 됩니다. 부모의 행복과 불행은 자녀에게 영향을 미치며, 자녀의 행복과 불행도 부모에게 영향을 미칩니다. 어릴 때에는 자녀가 부모에게 많이 의탁하지만, 자녀가 성인이 되고 부모가 노쇠하면 부모가 자녀에게 더 많이 의탁하게 됩니다. 아울러 대부분의 부모는 자신의 시신과 장례를 자녀에게 의탁해야 합니다. 이 상호의존의 관계가 건강하고 아름답게 되기 위해서는 부모와 자녀가 함께 '주 안에서' 삶을 영위해 나가야 합니다.

사랑의 코이노니아와 디아코니아

삼위일체 하나님의 세 위격은 서로 사랑하는 사귐을 나누고 계십니다. 그리고 서로 섬기는 디아코니아의 교통을 나누고 계십니다. 이것은 부모와 자녀 사이에도 실현될 수 있습니다. 자녀를 사랑하지 않는 부모는 없습니다. 고의적으로 자녀를 학대하는 부모가 있긴 하지만 거의 모든 부모는 자녀를 사랑합니다. 문제는 사랑하느냐 사랑하지 않느냐가 아니라,

하나님의 가르침을 따라 성경적으로 바르게 사랑하느냐에 달려 있습니다. 주님께서도 부모들에게 "주의 교양과 훈계로 양육하라"고 명령하십니다. 왜냐하면 자녀를 참되고 바르게 사랑하는 길은 주의 교양과 훈계로 양육하는 길밖에 없기 때문입니다. 그렇다면 주의 교양과 훈계로 양육하라는 말은 무슨 뜻일까요? 결론부터 말씀하자면, 그것은 하나님의 말씀에 기초해서 자녀들을 양육하라는 것입니다.

부모는 인생에서 성공하는 방법이나 처세술을 가르치기 전에 성경을 통하여 하나님이 어떠한 분이신지 가르치고, 그 하나님을 경외하고 사랑하도록 교훈해야 합니다. 그리고 그 하나님께서 당신의 아들 예수 그리스도를 통하여 죄인 된 우리를 구원해 주신 복음의 도리를 가르쳐야 합니다. 더 나아가 오직 믿음과 은혜로 구원받은 우리는 복음에 합당한 삶을 살아가야 한다는 것을 가르쳐야 합니다. 그리스도인 부모가 자녀를 사랑한다고 말하면서, 하나님의 말씀을 자녀들에게 가르쳐 행하게 하지 않는다면 거짓말을 하고 있는 것입니다. 내가 교회에서 장로네 권사네 집사네 하면서도, 자녀들에게 하나님의 말씀을 제대로 교육하지 않는다면 가짜 장로요, 가짜 권사요, 가짜 집사임을 증명하는 것입니다. 하나님께서 이스라엘 열조에게 주신 다음의 말씀은 지금도 변함없이 우리 삶에 적용되어야 합니다.

> 오늘날 내가 네게 명하는 이 말씀을 너는 마음에 새기고 네 자녀에게 부지런히 가르치며 집에 앉았을 때에든지 길에 행할 때에든지 누웠을 때에든지 일어날 때에든지 이 말씀을 강론할 것이며 너는 또 그것을 네 손목에 매어 기호를 삼으며 네 미간에 붙여 표를 삼고 또 네 집 문설주와 바깥 문에 기록할지니라 신 6:6-9.

부모만이 자녀를 사랑해야 하는 것이 아니라 자녀도 부모를 사랑해야 합니다. 자녀가 부모를 사랑하는 것은 "네 부모를 공경하라"는 십계명의 제5계명과 관련되고 "너희 부모를 주 안에서 순종하라"는 사도 바울의 명령과 관련됩니다. 자녀 편에서 부모를 사랑할 수 있는 것은 주로 부모에 대한 공경과 순종의 모습을 통해서입니다. 이것은 성자 예수님이 성부께 대하여 가지셨던 자세를 본받는 것과 연결됩니다. 성자 예수님은 성부를 철저하게 공경하시고, 성부의 뜻과 말씀에 온전히 순종하셨습니다. 마찬가지로 그리스도인 자녀도 자기 부모를 철저하게 공경하고, 부모의 뜻과 말씀을 잘 받드는 삶을 살아야 합니다. 그것이 진정으로 부모를 사랑하는 삶이 됩니다. 하지만 자녀가 부모의 말씀과 뜻에 순종해야 한다고 해서, 그 순종이 하나님을 대적하는 것이 되어서는 안 됩니다. 부모에 대한 순종도 한계가 있습니다. 그것은 주 안에서의 순종이어야 합니다. 부모의 뜻과 말씀이 하나님의 뜻과 말씀에 모순되지 않는 범위 내에서 자녀는 부모에게 순복해야 합니다.

부모와 자녀 간에는 서로 섬기는 사귐이 있어야 합니다. 유교문화권에서 부모가 자녀를 섬긴다는 생각은 거의 받아들여지지 않아 왔습니다. 그러나 우리의 주인이신 주님께서 종 된 우리를 섬기셨듯이, 그리고 우리의 아버지이신 하나님께서 우리를 섬겨 주셨듯이, 그리스도인 부모는 자녀를 섬겨야 합니다. 여기서 섬김이란 부모가 자녀의 참된 유익을 위해서 자신의 이기적인 욕망을 포기하는 것을 의미합니다. 자녀가 영적으로 성숙할 수 있도록, 부모의 시간과 열정과 재물을 사용하는 것을 의미합니다. 부모의 희생과 섬김 없이 어떤 자녀도 하나님과 사람 앞에서 올바른 삶을 영위할 수 없습니다. 부모의 희생과 섬김이라는 자양분을 통해서 자녀는 성장하고 성숙하게 됩니다. 그런 의미에서 부모는 항상 자녀를 섬기는 자리에 있어야 합니다. 부모가 자녀를 아름답게 섬길 때, 자녀는 부모를 아름답게 섬기게 됩니다. 부모의 희생과 섬김을 보고 자란 자녀는 그들이 장성했을 때 부모를 위하여 희생하고 섬기는 삶을 살아가게 되어 있습니다. 바로 그런 의미에서 부모와 자녀 간에 상호 섬김이라는 아름다운 친교가 이루어질 수 있습니다. 이것이 삼위일체 영성의 핵심 중 하나입니다.

Note

중요 용어

부부유별 夫婦有別 유교의 삼강오륜이 제시하는 부부 간의 질서에 대한 원리. 남편과 아내 사이에 구별이 있다는 뜻으로, 이는 성경적으로도 지지될 수 있다. 하지만 성경은 부부유별과 더불어 부부가 동일하게 삼위일체 하나님의 형상을 가진 존재로서 연합과 일치와 하나 됨을 추구하라고 명령하고 있다.

가부장제 여성보다 남성이 더 우월하고 가치 있고 능력 있다는 생각으로 여성을 차별하고 억압하는 사회적 시스템. 여성의 참정권 제한, 여성의 사회참여 제한 등으로 나타난다.

위계질서 우주질서, 사회, 그리고 가족 공동체의 구성원들 간에 차등을 두는 사회적 시스템. 대표적인 실례는 인도 등에서 발견되는 계급적 차등 구조이다.

하나님 나라 하나님의 절대 주권적인 통치가 실현되는 왕국을 뜻한다. 하나님 나라의 형식적인 요소는 그 나라의 백성, 그 나라의 영토, 그 나라의 주권을 포함하며, 내용적 요소는 그 나라의 가치관을 결정하는 헌법이다. 하나님 나라의 가치관은 자유, 순종, 의, 평강, 희락 등이다.

토론 문제

1. 삼위일체 영성과 유교의 부부유별 사이에 있는 유사점과 차이점은 무엇입니까?
2. 삼위일체 영성의 관점에서 가부장제는 어떻게 평가해야 할까요?
3. 삼위일체 영성이 남편과 아내 사이에, 부모와 자녀 사이에 실현될 때 얻게 되는 유익들은 무엇입니까?
4. 삼위일체 영성과 하나님 나라의 관계에 대해서 이야기해 봅시다.

5. 삼위일체 영성을 어떻게 교회생활에 적용할 수 있나요?

가정과 더불어 삼위일체 영성이 구체적으로 실현되어야 할 공동체는 바로 교회입니다. 교회가 예수 그리스도의 몸이라는 것은 성경이 가르치는 교회론의 핵심입니다. 그렇다면 삼위일체 영성이 교회 안에서 어떻게 실현될 수 있을까요?

성도와 성도 사이에

다양성의 존중과 예찬

삼위일체 영성의 첫 번째 핵심인 다양성의 존중과 예찬은 교회 내의 성도와 성도 사이에서 구현될 수 있습니다. 성경은 예수 그리스도의 몸 된 교회를 이루는 지체들의 다양성을 반복해서 강조해 줍니다.

> 몸은 하나인데 **많은 지체**가 있고 몸의 지체가 **많으나** 한 몸임과 같이 그리스도 그러하니라 우리가 유대인이나 헬라인이나 종이나 자유자나 다 한 성령으로 세례를 받아 한 몸이 되었고 또 다 한 성령을 마시게 하셨느니라 몸은 한 지체뿐 아니요 **여럿이니**^{고전 12:12-14}.

사람의 몸에 여러 다양한 지체가 있듯이 예수 그리스도의 몸인 교회도 다양한 지체들을 가진다는 말씀입니다. 여기에 이어서 여러 다양한 지체들 가운데 서로를 존중하고 예찬하라고 말씀합니다.

> 만일 발이 이르되 나는 손이 아니니 몸에 붙지 아니하였다 할지라도 이로 인하여 몸에 붙지 아니한 것이 아니요 또 귀가 이르되 나는 눈이 아니니 몸에 붙지 아니하였다 할지라도 이로 인하여 몸에 붙지 아니한 것이 아니니…… 눈이 손더러 내가 너를 쓸데없다 하거나 또한 머리가 발더러 내가 너를 쓸데없다 하거나 하지 못하리라…… 몸 가운데서 분쟁이 없고 오직 여러 지체가 서로 같이하여 돌아보게 하셨으니 만일 한 지체가 고통을 받으면 모든 지체도 함께 고통을 받고 한 지체가 영광을 얻으면 모든 지체도 함께 즐거워하나니^{고전 12:15-26}.

결국 서로서로 쓸데없다고 무시하지 말고 서로 같이하여 돌아보며 함께 고통을 받기도 하고 즐거워하기도 하라는 말씀입니다. 즉, 서로의 다름을 존중하고 다양성을 예찬하라는 것입니다. 교회에 다양한 지체들을 주신 것 자체가 하나님의 뜻입니다. 하나님께서 다양한 지체를 주신 것은 그 다양성을 존중하고 예찬하는 것이 그분의 뜻임을 암시하신 것입니다. 그런데 지체들만 다양한 것이 아니라 직분과 은사도 다양합니다.

하나님이 교회 중에 몇을 세우셨으니 첫째는 사도요 둘째는 선지자요 셋째는 교사요 그 다음은 능력이요 그 다음은 병 고치는 은사와 서로 돕는 것과 다스리는 것과 각종 방언을 하는 것이라 다 사도겠느냐 다 선지자겠느냐 다 교사겠느냐 다 능력을 행하는 자겠느냐 다 병 고치는 은사를 가진 자겠느냐 다 방언을 말하는 자겠느냐 다 통역하는 자겠느냐 고전 12:28-30.

위의 말씀에서 언급했듯이 직분과 은사는 다양합니다. 사도·선지자·교사와 같은 다양한 직분, 능력·병 고침·서로 도움·다스림·방언함과 같은 다양한 은사가 있습니다. 하나님은 교회 안에 다양한 직분을 세우시고, 다양한 은사를 주십니다. 그리고 이 다양성을 존중하고 예찬하라고 명하십니다.

우리가 한 몸에 **많은 지체**를 가졌으나 모든 지체가 같은 직분을 가진 것이 아니니 이와 같이 우리 많은 사람이 그리스도 안에서 한 몸이 되어 서로 지체가 되었느니라 우리에게 주신 은혜대로 받은 은사가 **각각 다르니** 혹 예언이면 믿음의 분수대로, 혹 섬기는 일이면 섬기는 일로, 혹 가르치는 자면 가르치는 일로, 혹 권위하는 자면 권위하는 일로, 구제하는 자는 성실함으로, 다스리는 자는 부지런함으로, 긍휼을 베푸는 자는 즐거움으로 할 것이니라 롬 12:4-8.

각 지체의 직분과 은사가 다르니, 그 다름을 인정하고 수용하고 존중하고 예찬할 때 교회가 올바른 사역을 감당할 수 있게 된다는 것입니다.

다양성 안에서 연합을 추구

위에서 인용한 구절들은 지체들의 다양성, 직분의 다양성, 은사의 다양성을 말하면서도 교회가 한 몸이라는 것 또한 강조합니다. 손, 발, 머리, 귀, 입 등 다양한 지체가 있어도, 이 모든 지체는 결국 한 몸의 부분들입니다. 능력, 병 고침, 방언, 구제, 다스림 등 다양한 은사가 있다 해도 이 은사들은 결국 예수 그리스도의 '한 몸'이 가지고 있는 은사들입니다. 사도, 선지자, 교사, 목사, 장로, 집사 등 다양한 직분이 교회에 있더라도, 이 직분들은 예수 그리스도의 '한 몸'이 소유하고 있는 것입니다. 종족이 다양합니다. 헬라인이 있고 유대인이 있습니다. 사회적 신분이 다양합니다. 자유자가 있고 노예가 있습니다. 성별이 다릅니다. 남성과 여성이 있습니다. 그렇지만 이 모든 다양성은 예수 그리스도의 한 몸이 소유하고 있는 것입니다. 따라서 다양성과 통일성이 모순되지 않습니다. 다양하지만, 분리된 것이 아니라 하나로 존재합니다.

성경은 다양한 지체, 직분, 은사에도 불구하고 교회를 하나 되게 하는 것은 결국 성령으로 말미암는다고 강조합니다.

> 몸은 하나인데 많은 **지체**가 있고 몸의 지체가 **많으나** 한 몸임과 같이 그리스도도 그러하니라 우리가 유대인이나 헬라인이나 종이나 자유자나 다 한 성령으로 세례를 받아 한 몸이 되었고 또 다 한 성령을 마시게 하셨느니라 몸은 한 지체뿐 아니요 **여럿이니**^{고전 12:12-14}.

종족이 다르고 성이 다르고 신분이 다르고 직분과 은사가 다른 사람들이 한 성령으로 세례를 받아 한 몸이 되었고, 한 성령을 마시게 되었습니다. 성령이 모든 다양성을 초월하는 통일성을 교회 내에 부여하시는 것입니다. 사도 바울은 에베소서에서 "성령의 하나 되게 하신 것을 힘써 지키라"엡 4:3고 명령합니다. 이어서 교회가 어떤 영역에서 일치와 하나 됨과 연합과 통일성을 추구해야 하는지 가르치고 있습니다.

> 몸이 하나이요 성령이 하나이니 이와 같이 너희가 부르심의 한 소망 안에서 부르심을 입었느니라 주도 하나이요 믿음도 하나이요 세례도 하나이요 하나님도 하나이시니 곧 만유의 아버지시라 만유 위에 계시고 만유를 통일하시고 만유 가운데 계시도다엡 4:4-6.

모든 다양성에도 불구하고 그리스도의 몸은 하나입니다. 둘이거나 셋일 수 없습니다. 예수 그리스도의 몸은 나뉠 수 없습니다. 성령이 하나입니다. 교회가 공동체로서 또는 각 지체로서 소망하는 바가 일치합니다. 사랑하며 섬기는 주님이 하나입니다. 주 예수를 믿는 믿음이 하나입니다. 죄를 회개하고 믿음으로 받는 세례도 하나이며 하나님도 하나라는 것입니다.

그런데 여기서 유념해야 할 것은, 교회가 하나라고 할 때 교회의 외면적 조직이나 형식의 통일성을 말하는 게 아니라는 점입니다. 오히려 교회 내면의 가치나 내용의 통일성을 말하고 있습니다. 이 원리를 바르게 이해하는 것은 대단히 중요합니다. 지난 세기 세계교회협의회WCC, World Council of Churches를 중심으로 교회일치운동이 거세게 일어났습니다. 이 운동은 여러 교단과 교파로 분열된 교회가 하나가 되고 일치와 연합을 추구해야 한다는 좋은 취지로 시작되었습니다. 그러나 이 에큐메니컬운동은 외면적 조직이나 형식의 통일성을 지나치게 추구해 왔다는 비판을 받고 있습니다. 외면적·조직적·형식적 일치를 추구하다 보니, 정작 강조되어야 할 내면적 가치나 내용의 일치가 무시되기에 이른 것입니다. 그래서 에큐메니컬운동은 복음적 가치를 잃어버린 형식적 교회연합운동이 되고 말았습니다.

삼위일체 영성이 추구하고 실현하고자 하는 통일성은 본질과 내면의 일치입니다. 형식과 그릇은 다양할 수 있고 다양해야 합니다. 하지만 그 본질과 내면적 가치에서 하나가 되어야만 다양성이 무질서한 다원주의로 흐르지 않게 됩니다. 다양성 속에서 참된 일치를 일구어 가게 되는 것입니다.

페리코레시스의 관계성

성도와 성도 사이에는 상호 내주의 관계성이 실현될 수 있습니다. 하지만 그것은 한 성도가 다른 성도의 신체 속에 들어가 내주하는 방식으로는 실현될 수 없습니다. 그리고 한 성도의 영혼이 다른 성도의 영혼 안에 내주할 수도 없습니다. 그렇다면 성도와 성도 사이에는 페리코레시스의 관계성이 어떻게 실현될 수 있을까요? 그것은 두 성도 안에 이미 내주해 계시는 성령을 통해서 가능합니다. 그리고 성령 안에 이미 내주해 계신 성자와 성부, 즉 삼위일체 하나님을 통해서 가능합니다.

각 성도의 영혼 안에 성령을 통하여 삼위일체 하나님이 내주해 계시기 때문에 성령 안에서 성도와 성도는 상호 내주와 상호 침투의 관계성을 실현할 수 있습니다. 그것은 상호 참여라는 방식을 통해 가능합니다. 성경은 이것을 서로 돌아보는 사귐이라고 정의합니다.

서로 돌아보아 사랑과 선행을 격려하며 모이기를 폐하는 어떤 사람들의 습관과 같이 하지 말고 오직 권하여 그날이 가까움을 볼수록 더욱 그리하자히 10:24-25.

서로 돌아본다는 것은 결국 서로서로의 삶에 참여한다는 뜻입니다. 다른 지체의 형편에 대해서 깊이 알고, 그 지체의 삶에 동참하게 됩니다. 성도들의 필요를 보면 성도들의 쓸 것을 공급롬 12:13하게 됩니다. 즐거워하는 지체와 함께 즐거워하고, 우는 자들과 함께 웁니다롬 12:15. 서로 마음을 같이하며, 모든 사람 앞에서 선을 도모하게 됩니다롬 12:16-17.

상호 참여의 삶은 상호 의존의 삶으로 이어집니다. 나 자신의 삶이 다른 지체의 삶에 의존되어 있음과 다른 지체의 삶이 나 자신의 삶에 의존되어 있음을 구체적으로 깨닫고 체험하게 됩니다.

> 너희가 짐을 서로 지라 그리하여 그리스도의 법을 성취하라갈 6:2.

서로의 짐을 져 줌으로써 그리스도의 사랑의 법을 성취하게 됩니다. 내 삶이 다른 지체들의 삶에 의존된 것을 알기에 거짓을 버리고 각각 그 이웃으로 더불어 참된 것을 말하게 됩니다엡 4:25. 그리고 다른 지체들에게 짐 지우지 않고, 돌이켜 빈궁한 자에게 구제할 것이 있기 위하여 제 손으로 수고하여 선한 일을 하게 됩니다엡 4:28. 삶을 함께 나누는 지체들에게 은혜를 끼치게 하기 위하여 더러운 말을 입 밖에도 내지 않고 오직 덕을 세우는 데 소용되는 선한 말을 하게 됩니다엡 4:29.

사랑의 코이노니아와 디아코니아

삼위일체 영성을 추구하는 성도와 성도 사이에는 사랑의 코이노니아가 실현됩니다. 삼위일체 하나님의 세 위격이 서로 사랑하시듯 우리도 서로 사랑하게 됩니다. 이 사랑의 코이노니아는 일방적인 사랑의 관계가 아니라, 쌍방적인 '서로 사랑'mutual love의 사귐입니다. 서로 간에 사랑을 주고받음이 있습니다. 주님이 주신 명령을 따라서 서로 사랑하는 역사가 일어납니다.

> 새 계명을 너희에게 주노니 서로 **사랑하라** 내가 너희를 사랑한 것같이 **서로 사랑하라** 요 13:34.
>
> 그러므로 사랑을 입은 자녀같이 너희는 하나님을 본받는 자가 되고 그리스도께서 너희를 사랑하신 것같이 **너희도 사랑 가운데서 행하라** 그는 우리를 위하여 자신을 버리사 향기로운 제물과 생축으로 하나님께 드리셨느니라 엡 5:1-2.
>
> 너희가 진리를 순종함으로 너희 영혼을 깨끗하게 하여 거짓이 없이 형제를 사랑하기에 이르렀으니 마음으로 뜨겁게 **피차 사랑하라** 벧전 1:22.
>
> 우리가 서로 **사랑할지니** 이는 너희가 처음부터 들은 소식이라 요일 3:11.
>
> 그의 계명은 이것이니 곧 그 아들 예수 그리스도의 이름을 믿고 그가 우리에게 주신 계명대로 서로 **사랑할 것이니라** 요일 3:23.
>
> 사랑하는 자들아 우리가 서로 **사랑하자** 사랑은 하나님께 속한 것이니 사랑하는 자마다 하나님께로 나서 하나님을 알고 사랑하지 아니하는 자는 하나님을 알지 못하나니 이는 하나님은 사랑이심이라 요일 4:7-8.
>
> 사랑하는 자들아 하나님이 이같이 우리를 사랑하셨은즉 우리도 **서로 사랑하는 것이 마땅하도다** 요일 4:11.
>
> **피차 사랑의 빚 외에는** 아무에게든지 아무 빚도 지지 말라…… 사랑은 이웃에게 악을 행치 아니하나니 그러므로 사랑은 율법의 완성이니라 롬 13:8-10.

첫째, 서로 사랑한다는 것은 서로 용서하고 서로의 허물을 덮어 주는 것, 서로에게 인자하게 대하고 서로를 불쌍히 여기는 것을 의미합니다.

> 서로 인자하게 하며 불쌍히 여기며 서로 용서하기를 하나님이 그리스도 안에서 너희를 용서하심과 같이 하라 엡 4:32.
>
> 그러므로 너희는 하나님의 택하신 거룩하고 사랑하신 자처럼 긍휼과 자비와 겸손과 온유와 오래 참음을 옷 입고 누가 뉘게 혐의가 있거든 서로 용납하여 **피차 용서하되** 주께서 너희를 용서하신 것과 같이 너희도 그리하고 이 모든 것 위에 사랑을 더하라 이는 온전하게 매는 띠니라 골 3:12-14.
>
> 마지막으로 말하노니 너희가 다 마음을 같이하여 체휼하며 형제를 사랑하며 불쌍히 여기며 겸손하며 악을 악으로, 욕을 욕으로 갚지 말고 도리어 복을 빌라 벧전 3:8-9.
>
> 내 형제들아 너희 중에 미혹하여 진리를 떠난 자를 누가 돌아서게 하면 너희가 알 것은 죄인을 미혹한 길에서 돌아서게 하는 자가 그 영혼을 사망에서 구원하며 **허다한 죄를 덮을 것이니라** 약 5:19-20.
>
> 무엇보다도 열심히 서로 사랑할지니 사랑은 **허다한 죄를 덮느니라** 벧전 4:8.

둘째, 서로 사랑한다는 것은 서로에 대하여 인내하고 오래 참아 주는 것을 의미합니다.

> 그러므로 주 안에서 갇힌 내가 너희를 권하노니 너희가 부르심을 입은 부름에 합당하게 행하여 모든 겸손과 온유로 하고 **오래 참음으로** 사랑 가운데서 서로 용납하고 평안의 매는 줄로 성령의 하나 되게 하신 것을

힘써 지키라엡 4:1-3.

그러므로 너희는 하나님의 택하신 거룩하고 사랑하신 자처럼 긍휼과 자비와 겸손과 온유와 **오래 참음**을 옷 입고 누가 뉘게 혐의가 있거든 서로 용납하여 피차 용서하되 주께서 너희를 용서하신 것과 같이 너희도 그리하고 이 모든 것 위에 사랑을 더하라 이는 온전하게 매는 띠니라골 3:12-14.

사랑은 **오래 참고**…… 모든 것을 **참으며** 모든 것을 믿으며 모든 것을 바라며 모든 것을 **견디느니라**고전 13:4,7.

또 형제들아 너희를 권면하노니 규모 없는 자들을 권계하며 마음이 약한 자들을 안위하고 힘이 없는 자들을 붙들어 주며 모든 사람을 대하여 **오래 참으라**살전 5:14.

서로에 대한 오래 참음은 서로가 서로를 힘들게 하고, 상처를 주고, 아프게 할 때에도 계속되어야 합니다. 그것은 악을 악으로 갚지 않고 선으로 갚는 주님의 영성을 본받아야 한다는 것입니다.

삼가 누가 누구에게든지 악으로 악을 갚지 말게 하고 오직 피차 대하든지 모든 사람을 대하든지 항상 선을 좇으라살전 5:15.

너희를 핍박하는 자를 축복하라 축복하고 저주하지 말라…… 아무에게도 **악으로 악을 갚지 말고** 모든 사람 앞에서 선을 도모하라롬 12:14-17.

셋째, 삼위일체 하나님의 세 위격은 서로서로를 인정하시고 증거하시고 높이시고 환대하시고 영화롭게 하시는 연합적인 친교 가운데 계십니다. 주님은 성도와 성도 사이에 그리고 지체와 지체 사이에 이러한 사귐이 있기를 원하십니다.

> 형제를 사랑하여 서로 우애하고 존경하기를 서로 먼저 하며 롬 12:10.

서로 우애하라는 것은 서로를 인정하고 아껴 주라는 말입니다. 주님은 성도가 서로 존경하기를 먼저 하라고 명령하십니다. 역시 일방적인 우애나 존경이 아닙니다. 쌍방 간에, 상호 간에 우애와 존경을 나누어야 한다는 것입니다.

> 즐거워하는 자들로 **함께 즐거워하고** 롬 12:15.

즐거워하는 지체와 함께 즐거워하기 위해서는 그 지체를 인정하고 존경하는 마음이 있어야 합니다.

> 믿음이 연약한 자를 너희가 받되 그의 의심하는 바를 비판하지 말라…… 이는 하나님이 저를 **받으셨음이니라** 롬 14:1-3.

'받는다'는 말은 '환대한다'be hospitable 또는 '환영한다'welcome는 뜻입니다. 믿음이 성숙한 자는 믿음이 연약한 자를 판단하거나 정죄하지 말고, 환영하고 환대하라는 말씀입니다. 이것은 성령의 능력과 인도를 통하여 삼위일체 영성이 구현될 때에만 가능합니다.

> 우리 강한 자가 마땅히 연약한 자의 약점을 담당하고 자기를 기쁘게 하지 아니할 것이라 우리 **각 사람이 이웃을 기쁘게 하되** 선을 이루고 덕을 세우도록 할지니라 그리스도께서 자기를 기쁘게 하지 아니하셨나니 롬 15:1-3.

이웃을 기쁘게 한다는 말은 결국 이웃을 인정하고 높이고 존경하고 환대하는 것과 연결됩니다. 성자 예수님도 자기를 기쁘게 하지 아니하시고 성부를 기쁘게 하셨습니다. 동시에 예수님은 당신의 이웃인 우리를 인정하고, 높이고, 환대하고, 존귀하게 하셨습니다.

> 이러므로 그리스도께서 우리를 받아 하나님께 영광을 돌리심과 같이 너희도 서로 받으라 롬 15:7.

넷째, 참된 사랑의 코이노니아는 서로 섬김과 복종의 사귐을 통해 완성됩니다. 삼위일체 하나님의 세 위격은 서로를 사랑하시고, 존경하시고, 인정하시고, 환대하시고, 영화롭게 하실 뿐만 아니라 서로를 섬기시고 복종하십니다. 삼위일체 하나님께서 누리고 계시는 섬김과 복종의 교제가 성도 사이에도 실현되어야 합니다.

> 형제들아 너희가 자유를 위하여 부르심을 입었으나 그러나 그 자유로 육체의 기회를 삼지 말고 오직 사랑으로 **서로 종노릇하라** 온 율법은 네 이웃 사랑하기를 네 몸같이 하라 하신 한 말씀에 이루었나니 만일 서로 물고 먹으면 피차 멸망할까 조심하라 갈 5:13-15.

여기서 중요한 것은 "서로 종노릇하라"는 명령입니다. 한쪽에서만 일방적으로 종노릇하는 것이 아니라 서로에게 종노릇하라는 것입니다. 종노릇이란 섬기는 것을 의미합니다. 사랑 안에서 서로 섬기라는 명령입니다. 주님께서 왜 이 명령을 교회에 주시고 있습니까? 그것은 삼위일체 하나님의 세 위격 간에 이미 이러한 서로 섬김의 교통이 구현되어 있기 때문입니다. 삼위일체 하나님을 본받아 서로 사랑하고 서로 섬기라는 것입니다.

이어서 사도 바울은 "너희가 짐을 서로 지라 그리하여 그리스도의 법을 성취하라"갈 6:2고 명령합니다. 이 명령은 서로 섬기는 삶이 무엇인지를 구체적으로 가르쳐 줍니다. 서로서로 짐을 져 주라는 것입니다. 고난의 짐, 질병의 짐, 가난의 짐 등을 서로서로 져 주라는 것입니다. 서로의 짐꾼이 되라는 것입니다. 그렇게 할 때 그리스도의 법인 사랑이 이루어진다는 말씀입니다. 서로 짐을 져 주기 위해서는 서로가 희생하고 대가를 지불할 줄 알아야 합니다. 희생과 대가 없이 서로 종노릇하는 일은 불가능합니다.

에베소서 5장 21절에서 사도 바울은 "그리스도를 경외함으로 피차 복종하라"고 명령합니다. 그리스도를 경외한다는 것은 무슨 뜻입니까? 그리스도께서 하나님 아버지께 복종하신 사실을 기억하며 서로에게 존경의 마음을 갖는 것입니다. 그런 자세로 서로서로에게 복종하라는 것입니다. 성부를 향한 성자의 복종을 본받아, 서로서로 복종하라는 것입니다. 성도 간에 서로 섬기고 복종하는 사귐은 삼위일체 하나님께서 누리고 계시는 섬김과 복종의 사귐을 교회생활 가운데 체현하는 것입니다.

목회자와 성도 사이에

성도와 성도 사이뿐만 아니라 목회자와 성도 사이에도 삼위일체 영성이 구현되어야 합니다. 오늘날 한국 교회에서 목회자와 성도 간의 관계는 많은 부분 왜곡되고 뒤틀려 있습니다. 어떤 목회자들은 자신이 하나님의 전권대사라고 주장하면서 성도에게 절대적인 복종을 요구합니다. 성도를 자기의 뜻대로 부리고 조종하려 듭니다. 심한 경우에는 성도들의 재산까지도 목회자 멋대로 주관하려고 합니다. 한편 어떤 성도들은 목회자들을 교회의 고용인으로 취급합니다. 그래서 목회자들을 존경하기는커녕 무시하고, 힘들게 하고, 상처를 줍니다. 어떤 교회에서는 목회자와 성도의 관계가 긴장과 갈등과 분쟁으로 가득 차 있습니다. 그래서 서로 간에 싸움이 그칠 새가 없습니다. 이런 모습은 성경적으로 바르지 못합니다. 그렇다면 삼위일체 영성에 입각한 목회자와 성도 사이의 바른 관계는 어떤 모습일까요?

다양성의 존중과 예찬

우선 목회자와 성도는 서로의 다름을 존중할 수 있어야 합니다. 목회자와 성도는 분명히 다릅니다. 그러므로 서로 구별되어야 합니다. 교회에서 맡은 직분이 다릅니다. 목회자는 목사나 전도사라는 직분을 갖지만, 성도는 장로, 권사, 집사의 직분을 갖습니다. 또한 목회자가 교회에서 맡은 일은 일반 성도가 맡은 일과 다릅니다. 그러므로 목회자는 성도들을 인정하고 존중해 주어야 합니다. 자기 멋대로 부리거나 조종하려고 해서는 안 됩니다. 성도들도 목회자를 존중하고 인정해 주어야 합니다. 그리고 교회 안에 하나님께서 여러 가지 직분을 주신 것을 예찬할 수 있어야 합니다. 감사하게 생각하고 기쁨으로 여길 수 있어야 합니다.

다양성 안에서 연합을 추구

목회자와 성도 사이에 직분과 사역이 다를지라도, 목회자와 성도는 예수 그리스도 안에서 하나임을 기억해야 합니다. 목회자는 하나님의 자녀

요, 그리스도의 신부요, 성령의 전이요, 그리스도의 몸 된 지체입니다. 성도도 목회자와 마찬가지입니다. 동일한 하나님을 예배하고 섬기며, 동일한 그리스도를 주님으로 고백하며, 동일한 성령이 내주해 계십니다. 목회자와 성도 모두 동일한 소망과 믿음을 가지며 동일한 세례를 받은 사람들입니다.

목회자와 성도는 동일하게 하나님의 영광을 위해 삽니다. 이들은 하나님을 사랑하고 이웃을 사랑하라는 명령을 동일하게 받았습니다. 목회자와 성도는 모든 족속으로 제자를 삼고 땅 끝까지 이르러 복음을 전할 것을 동일하게 명령받았습니다. 그러므로 목회자와 성도는 주 예수 그리스도 안에서 하나 됨을 추구하고 실현해 나가야 합니다.

페리코레시스의 관계성

목회자와 성도 사이에도 상호 내주의 관계성이 실현되어야 합니다. 그것은 성령 안에서 서로의 삶에 참여함으로써 가능합니다. 목회자는 성도들의 삶에 대해 구체적으로 알아야 합니다. 어떤 어려움이 있는지, 어떤 고민이 있는지, 또 어떤 기쁜 일이 있는지 상세하게 알아야 합니다. 그리고 시간을 내어 성도들의 삶의 현장에 자주 동참해야 합니다. 성도도 마찬가지입니다. 최대한 목회자의 삶에 동참할 수 있어야 합니다. 목회자의 고민과 기도제목은 물론 목회자가 경험하고 있는 즐거운 일에 대해서도 깊이 알아야 합니다. 목회자의 삶과 성도의 삶은 상호 의존 관계에 있습니다. 목회자의 행복과 불행이 성도들에게 영향을 미치고, 성도들의 행복과 불행이 목회자에게 영향을 미칩니다. 삼위일체 영성을 추구하는 목회자와 성도 사이에는 서로의 삶에 참여하는 교통이 이루어지기 때문입니다.

사랑의 코이노니아와 디아코니아

성경은 목회자와 성도 사이에 사랑과 섬김의 사귐이 있어야 함을 명령합니다.

> 가르침을 받는 자는 말씀을 가르치는 자와 모든 좋은 것을 함께하라 갈 6:6.

가르침을 받는 성도는 말씀을 가르치는 목회자와 모든 좋은 것을 함께 나누라는 말씀입니다. 이 말은 서로 뜨거운 사랑을 나누고, 희생적인 섬김을 나누라는 것입니다. 데살로니가전서 5장 12-13절에서 사도 바울은 "형제들아 우리가 너희에게 구하노니 너희 가운데서 수고하고 주 안에서 너희를 다스리며 권하는 자들을 너희가 알고 저의 역사로 말미암아 사랑 안에서 가장 귀히 여기며 너희끼리 화목하라"고 명령합니다. 즉, 목회자의 직분을 받아 수고하고 주 안에서 다스리며 말씀으로 권면하는 목회자들을 인정하고, 사랑하며, 가장 귀한 존재로 여기라는 명령입니다. 교회의 성도들이 목회자들을 존경하고 사랑하는 것은 삼위일체 영성을 실현하는 일이 됩니다.

디모데전서 5장 17-18절에서 사도 바울은 "잘 다스리는 장로들을 배나 존경할 자로 알되 말씀과 가르침에 수고하는 이들을 더할 것이니라 성경에 일렀으되 곡식을 밟아 떠는 소의 입에 망을 씌우지 말라 하였고 또 일꾼이 그 삯을 받는 것이 마땅하다 하였느니라"라고 말씀합니다. 이 말씀은 특별히 말씀과 가르침에 수고하는 목회자들을 두 배나 더 존경해야 한다고 합니다. 히브리서 기자는 이렇게 말씀합니다.

> 하나님의 말씀을 너희에게 이르고 너희를 인도하던 자들을 생각하며 저

희 행실의 종말을 주의하여 보고 저희 믿음을 본받으라^히 13:7.

너희를 인도하는 자들에게 순종하고 복종하라 저희는 너희 영혼을 위하여 경성하기를 자기가 회계할 자인 것같이 하느니라 저희로 하여금 즐거움으로 이것을 하게 하고 근심으로 하게 말라 그렇지 않으면 너희에게 유익이 없느니라^히 13:17.

위의 말씀은 대단히 중요한 교훈입니다. 성도들은 목회자들을 기억하고, 그들의 믿음과 삶을 본받아야 합니다. 목회자들을 향한 존경과 사랑 없이 이 일이 어떻게 가능하겠습니까? 또한 성도들은 목회자들에게 순종하고 복종해야 합니다. 그리고 목회자들이 목양을 담당할 때 즐거움으로 하게 해야 성도들에게 유익이 돌아온다는 말씀입니다.

어떻게 보면 대부분의 성도들은 목회자를 사랑하고 존경합니다. 그리고 목회자의 말씀에 순종하고 복종합니다. 문제는 목회자들에게도 성도들을 사랑하고 성도들을 바르게 섬겨야 하는 책임과 의무가 있다는 것입니다.

내가 내 영혼을 두고 하나님을 불러 증거하시게 하노니 다시 고린도에 가지 아니한 것은 너희를 아끼려 함이라 우리가 너희 믿음을 주관하려는 것이 아니요 오직 너희 기쁨을 돕는 자가 되려 함이니 이는 너희가 믿음에 섰음이라^{고후} 1:23-24.

사도 바울은 자신이 고린도 교회 성도들을 사랑하고 아낀다고 말씀하고 있습니다. 그리고 목회자로서 그들의 믿음을 주관하고 주인노릇하려고 하지 않고 도리어 성도들에게 신앙의 기쁨을 더해 주기 위해서 그들을 돕는 자가 되려 한다고 말합니다. 여기서 돕는 자란 섬기는 자를 뜻합니다. 사도 바울이 고린도 교회 성도들을 사랑하고 섬겼듯이 오늘날 목회자들도 성도들을 사랑하며 섬기는 것이 마땅합니다. 고린도후서 2장 4절에서 사도 바울은 고린도 교회 성도를 향한 자기의 사랑을 다음과 같이 고백합니다.

> 내가 큰 환난과 애통한 마음이 있어 많은 눈물로 너희에게 썼노니 이는 너희로 근심하게 하려 한 것이 아니요 오직 내가 너희를 향하여 넘치는 사랑이 있음을 너희로 알게 하려 함이라.

고린도후서 4장 5절에서 바울은 자신이 성도들의 종이 되었음을 확인합니다.

> 우리가 우리를 전파하는 것이 아니라 오직 그리스도 예수의 주 되신 것과 또 예수를 위하여 우리가 너희의 종 된 것을 전파함이라.

목회자가 성도를 섬기는 일들 가운데서 가장 중요한 것은 성도들의 본이 되는 것입니다. 믿음과 삶에서 모범이 되는 것입니다. 사도 바울은 에베소 교회 장로들과 고별하면서 다음과 같이 말씀합니다.

> 너희 아는 바에 이 손으로 나와 내 동행들의 쓰는 것을 당하여 범사에 너희에게 모본을 보였노니 곧 이같이 수고하여 약한 사람들을 돕고 또 주 예수의 친히 말씀하신 바 주는 것이 받는 것보다 복이 있다 하심을 기억하여야 할지니라 행 20:34-35.

사도 바울은 자신이 모본을 보였다, 즉 본이 되었다고 고백하고 있습니다. 바울은 또한 자기를 본받으라고 여러 번 권면합니다. 그만큼 자신의 신앙과 삶에서 성숙한 모습을 보여 주려고 노력했다는 것입니다. 사도 베드로의 권면도 동일합니다. 베드로는 목회자가 성도들에게 본이 되는 것의 중요성을 강조하고 있습니다.

> 너희 중에 있는 하나님의 양 무리를 치되 부득이함으로 하지 말고 오직 하나님의 뜻을 좇아 자원함으로 하며 더러운 이를 위하여 하지 말고 오직 즐거운 뜻으로 하며 맡기운 자들에게 주장하는 자세를 하지 말고 오직 양 무리의 본이 **되라**^{벧전 5:2-3}.

같은 지역의 목회자들 사이에

목회자와 목회자 사이에도 삼위일체 영성이 체현되어야 합니다. 여기서 목회자와 목회자 사이의 관계란, 같은 지역에 있지만 다른 교회에서 사역하는 목회자들과의 관계를 말합니다. 일반적으로 같은 교단에 속한 목회자들은 노회, 연회, 지방회 등과 같은 모임을 통하여 교제를 나누고 있습니다. 하지만 같은 지역에 있다고 해도 교단이 같지 않으면 서로 간에 교제할 기회를 갖기 어렵습니다. 이러한 현실은 삼위일체 영성을 통해서 변혁되어야 합니다. 적어도 같은 지역에서 하나님의 교회를 목회하는 목회자들이라면 삼위일체 하나님의 존재 방식을 본받아 연합적 친교의 공동체를 이루어 가야 합니다.

다양성의 존중과 예찬

목회자들 사이에도 다양성이 있음을 존중하고 예찬할 수 있어야 합니다. 목회자들이 속한 교단이 다릅니다. 교파가 다릅니다. 섬기는 교회가 다릅니다. 섬기는 교회의 크기나 성숙도가 다릅니다. 목회자 개인의 신학이 다를 수 있습니다. 어떤 목회자는 칼빈주의신학을 지지하는 반면에 다른 목회자는 아르미니안신학이나 웨슬리신학을 추종할 수 있습니다. 신앙적 배경이 다르고 목회적 관심이 다를 수 있습니다.

하지만 삼위일체 영성을 추구하는 목회자들이라면 서로의 차이와 다름과 다양성을 인정하고, 존중할 수 있어야 합니다. 물론 신학적인 다양성의 이름으로도 인정할 수 없는 이단자들은 다른 차원에서 접근해야 할 것입니다. 그러나 이단이 아닌 상황이라면 서로의 다름을 인정하고, 존중하고, 예찬할 수 있어야 합니다.

다양성 안에서 연합을 추구

목회자들 사이에 다름과 차이를 인정하고, 존중하고, 예찬하는 맥락에서 목회자들은 통일성과 일치와 하나 됨과 연합을 추구해야 합니다. 그것이 삼위일체 하나님의 삶의 방식과 존재 방식을 따르는 길입니다. 예수 그리스도를 자신의 주님과 구주로 고백하는 목회자들은 하나님 아버지의 자녀들입니다. 예수 그리스도의 신부입니다. 성령의 전입니다. 예수 그리스도의 몸 된 우주적 교회의 지체들입니다. 예수 그리스도의 제자입니다. 세상의 빛과 소금입니다.

그러므로 삼위일체 영성을 추구하는 목회자들은 예수 그리스도 안에서 하나임을 고백하고, 일치와 연합을 지향해야 합니다. 다른 것은 다 제쳐두고라도 목회의 목적이 하나님께 영광을 돌리는 것이라는 점에서 일치할 수 있습니다. 하나님을 사랑하고 이웃을 사랑하라는 주님의 대계명에 순종하는 일에서 연합할 수 있습니다. 모든 족속을 제자 삼고, 세상 만민에게 복음을 전파하라는 주님의 대위임Great Commission을 받드는 일에서 통일성을 추구할 수 있습니다. 목회자들 사이에 일치와 연합이 이루어지지 않는 이유는 근본적으로 이런 점들에 대해서 같은 생각을 가지고 있지 않기 때문입니다. 목회의 목적이 하나님의 영광이 아니라 목회자 자신의 영광이나 자랑이 되어 있는 한, 목회자 간의 참된 일치와 하나 됨은 이루어질 수 없습니다. 도리어 서로를 짓밟거나 타도해야 할 경쟁자로 보게 되고, 서로 간에 질투와 시기가 만연할 수밖에 없습니다.

페리코레시스의 관계성

삼위일체 하나님의 세 위격이 서로 내주하는 방식으로 삶을 영위하시듯 목회자들도 상호 내주의 영성을 추구하고 실현해야 합니다. 어떤 목회자의 인격이 다른 목회자의 인격에 실재로 내주할 수는 없지만, 적어도 서로의 삶에 참여할 수는 있습니다. 목회자들 서로가 서로의 목회 현장에 대해, 서로의 삶에 대해 깊이 알아야 합니다. 그리고 가능한 자주 서로의 목회 현장과 삶의 현장에 동참할 수 있는 기회를 가져야 합니다. 서로의 강단을 교류하거나 목회자들 간의 영적인 친목을 도모하는 모임을 가질 수 있습니다. 목회하면서 생기는 고민이나 어려움을 털어놓고 깊은 대화를 나누는 모임도 가질 수 있습니다. 서로를 위해서 기도해 주고 권면해 주는 경건회나 수련회도 함께 개최할 수 있습니다.

무엇보다도 목회자들 서로의 삶과 사역이 서로에게 의존되어 있음을 기억해야 합니다. 한 목회자가 실패하면 그것은 그 한 사람의 실패로 끝나지 않습니다. 모든 목회자에게 직접적이든 간접적이든 영향을 주게 되어 있습니다. 예를 들어, 한 목회자가 도덕적인 실패를 경험할 때, 그것은 모든 목회자에 대한 신뢰도를 떨어뜨릴 수 있습니다. 목회자들은 같은 운명의 공동체입니다. 그래서 목회자들 간에도 서로를 돌아보고, 사랑과 선행을 격려하는 막힘없는 교통과 사귐이 꼭 필요합니다. 이런 교통과 사귐이 바로 삼위일체 영성이 실현되는 통로가 되는 것입니다.

사랑의 코이노니아와 디아코니아

삼위일체 하나님의 세 위격이 깊은 사랑과 헌신적인 섬김을 통해서 상호 연합적인 친교의 공동체를 이루듯 목회자들도 서로를 향한 뜨거운 사랑의 사귐을 실현해 나가야 합니다. 서로를 인정하고, 높여 주고, 환대하는 공동체를 이루어야 합니다. 서로에 대하여 참아 주고, 용서하고, 서로 존경하기를 먼저 하는 연합적 친교를 이루어야 합니다. 성도들에게 본이 되어야 할 목회자들이 서로 사랑하지 않는다는 것은 하나님 나라에 큰 해악을 주는 것입니다. 복음의 진보에 큰 장애물이 되는 것입니다.

목회자들 간에 뜨거운 사랑의 교통은 헌신적인 섬김의 교통을 수반해야 합니다. 목회자들 간에 서로 종노릇하고, 서로를 위해 희생하는 사귐이 이루어져야 합니다. 오늘날 목회자들은 섬김 받는 데에만 익숙하고 섬기는 데에는 미숙한 것처럼 보입니다. 그러나 목회자들이 먼저 서로를 위하여 섬기고 헌신하는 삶을 실천해 갈 때, 성도들도 그 모습을 본받아 섬김의 삶을 살아가게 될 것입니다. 목회자들이 서로 사랑하고 섬길 때, 세상은 우리가 예수 그리스도의 참된 제자임을 알게 될 것이고 아버지께 영광을 돌리게 될 것입니다.

교회와 교회 사이에

삼위일체 영성은 교회와 교회 사이에도 실현되어야 합니다. 오늘날 한국 교회는 개교회 이기주의라는 질병을 심각하게 앓고 있습니다. 다른 교회야 어찌 되든 내 교회만 부흥하고 성장하면 된다는 생각이 목회자와 성도들을 사로잡고 있습니다. 서로의 마음과 뜻을 모아 하나님 나라의 진보를 위해 진력해야 할 교회들이, 지나친 경쟁의 희생물이 되어 가고 있습니다. 심지어는 '양도둑질' 현상이 널리 퍼져 있습니다. 예수 믿지 않는 자들을 전도하여 교회가 성장하는 것보다, 다른 교회의 성도들을 자기 교회로 '유인'하여 교회 성장을 도모하는 교회들이 많아지게 되었습니다. 이런 문제들을 해결할 수 있는 길은 삼위일체 영성의 체현입니다.

다양성의 존중과 예찬

예수 그리스도를 주님으로 모신 교회라고 해도 서로 간에 다를 수 있습니다. 교회를 이끄는 지도자들의 신앙적 관심이 교회마다 다를 수 있고, 교회를 구성하는 지체들의 삶의 배경과 신앙의 색깔이 다를 수 있습니다. 어떤 교회의 주된 구성원은 대학 교육 이상의 식자층일 수 있고, 어떤 교회는 농업에 종사하는 분들이 주된 구성원일 수 있습니다. 교회의 지리적 위치도 다양합니다. 도시 교회가 있는가 하면 농촌이나 어촌 교회, 공장지대나 산업지대에 위치한 교회가 있습니다. 교회의 크기도 다양합니다. 만 명 이상의 초대형 교회가 있고, 20-30명 규모의 작은 교회가 있습니다. 어떤 교회는 다양한 프로그램을 자랑하지만, 어떤 교회는 전통적인 예배만 고집합니다.

하지만 이렇게 다양한 교회들 사이에도 서로가 서로를 인정하고 존중하는 삼위일체 영성이 구현되어야 합니다. 서로의 다름을 예찬할 수 있어야 합니다. 도시의 초대형 교회는 시골의 소형 교회를 무시하거나 우습게 여기는 실수를 범하기도 합니다. 오랜 역사적 전통을 가진 교회들이 신생 교회들을 무시하기도 합니다. 식자층 중심의 화이트컬러 교회들이 노동자 중심의 블루컬러 교회들을 우습게 여기기도 합니다. 이런 현상들은 삼위일체 영성에 반하는 것입니다.

교회들은 서로서로를 인정해 주어야 합니다. 대형 교회들은 소형 교회들을 인정하고 존중해야 합니다. 소형 교회들도 대형 교회들을 지나치게 비판할 것이 아니라 그 역할을 인정하고 존중해야 합니다. 도시 교회는 시골 교회를, 시골 교회는 도시 교회를 인정하고 존중해야 합니다. 식자층 교회는 그렇지 못한 교회를 인정하고 존중해 주고, 프로그램이 많은 교회는 그렇지 못한 교회를 인정하고 존중해 주어야 합니다. 삼위일체 하나님께서는 그 교회의 위치, 특성, 규모와 상관없이 모든 교회를 존중하시고 모든 교회 가운데 역사하시며, 모든 교회를 통해서 당신의 거룩하신 뜻을 이루어 가고 계시기 때문입니다.

다양성 안에서 연합을 추구

정말 다양한 교회들이 있지만 교회는 예수 그리스도 안에서 하나입니다. 모든 교회의 주인과 머리는 예수 그리스도이십니다. 모든 교회는 하나님 아버지의 가족이며, 예수 그리스도의 신부이며, 성령의 전이며, 예수 그리스도의 몸입니다.

그러므로 교회들은 서로의 다름과 다양성을 존중하면서도, 예수님 안에서 하나임을 계속해서 기억하고, 성령의 하나 되게 하신 것을 힘써 지커야 합니다. 교회가 교회를 향하여 손가락질하고 비난하는 악순환이 극복되어야 합니다. 교회들이 서로서로를 무시하고 우습게 여기는 일이 사라져야 합니다. 다양성 속에서 통일성과 일치를 추구해 가야 합니다. 교회의 위치와 크기와 특성이 다르다 할지라도 궁극적으로 모든 교회는 삼위일체 하나님 안에서 하나입니다.

교회들이 하나 됨을 추구하기 위해서는 다양한 사역들을 진행할 수 있습니다. 연합기도회나 연합수련회 같은 사역도 좋습니다. 목회자와 목회자 사이의 강단 교류도 도움이 될 것입니다. 아니면 주일예배를 연합으로 드리는 것도 좋은 방법입니다. 한 교회의 모든 성도가 다른 교회를 방문해서 주일날 함께 예배드리는 것도 아름다운 모습일 것입니다.

그러나 무엇보다도 교회들이 다른 교회들을 향하여 갖는 태도를 바꿔야 합니다. 서로 다른 점이 많다고 해도 결국 모든 교회가 삼위일체 하나님의 영광을 위해 존재한다는 사실을 기억해야 합니다. 모든 교회가 예수 그리스도의 복음을 땅 끝까지 전하기 위해서 동역해야 한다는 것을 기억해야 합니다. '저 교회는 우리 교회와 경쟁관계에 있어'라는 생각에서 벗어나 '저 교회는 우리 교회와 형제 교회야', '모든 교회가 우리의 자매 교회야' 하는 생각을 품어야 합니다. 이것이 삼위일체 영성과 일치되는 생각입니다.

페리코레시스의 관계성

오늘날 어떤 교회가 다른 교회 일에 관심을 갖거나 간섭하는 것은 금기시되어 있습니다. 서로 모르는 척해 주는 것이 미덕으로 여겨지고 있습니다. 그래서 다른 교회가 중병을 앓고 있든 영적으로 쇠퇴하든 관계없이 우리 교회만 건강하고 성장하면 된다는 극단적인 개교회 이기주의가 팽배해 있습니다. 교회들이 계속해서 이런 생각을 가지고 있는 한 교회는 세상의 소금과 빛으로서 선한 영향력을 끼칠 수 없습니다. 세상을 구원하는 구원의 방주로서의 역할을 감당할 수 없습니다. 하나님 나라의 진보를 위한 전초기지로서의 책임을 감당할 수 없습니다.

교회는 서로서로의 사역과 삶에 참여할 수 있어야 합니다. 교회들 간에 막힘없는 친교와 사귐이 회복되어야 합니다. 서로를 돌아보아 사랑과 선행을 격려하는 일은 그리스도인 개개인뿐만 아니라 신앙의 공동체인 교회 간에도 이루어져야 합니다. 그렇다고 해서 지나치게 간섭하라는 것이 아닙니다. 다른 교회의 사정을 서로 알아서 교회를 위하여 기도해 주라는 것입니다. 필요하면 사랑의 권면도 나누어야 합니다. 뼈아픈 충고나 질책도 해야 합니다. 하나님의 영광과 하나님 나라의 진보라는 대의를 위해서 교회들은 서로의 삶과 사역에 동참해야 합니다.

교회의 사역과 삶은 모든 다른 교회의 사역과 삶에 의존되어 있습니다. 한 교회의 문제로 끝나지 않습니다. 어떤 교회에서 불미스러운 일이 발생했을 때, 그 부정적인 영향은 교회들 전체에 미치게 됩니다. 어떤 교회에서 세상 사람들도 받아들이기 힘든 목회자 세습이 일어났을 때, 그것은 그 교회뿐 아니라 모든 교회의 얼굴에 먹칠을 하는 일입니다. 교회들은 공동운명체입니다. 한 교회만 잘 성숙하고 다른 교회들이 성숙하지 않으면 하나님 나라의 진보가 미약할 수밖에 없습니다. 서로서로 격려하고 서로서로 합력해서 모든 교회가 함께 성숙하여 진정한 하나님 나라의 진보를 이루어야 합니다.

사랑의 코이노니아와 디아코니아

교회들은 서로서로와 깊은 친교를 나누어야 합니다. 깊은 영적 사귐을 가져야 합니다. 이러한 친교와 사귐은 사랑의 친교여야 합니다. 서로 사랑하는 교회들은 서로를 깊이 알아 갑니다. 투명하고 정직한 교제가 있습니다. 또한 서로 사랑하는 교회들은 서로를 높여 줍니다. 다른 교회를 비난하고 짓밟음으로써 자기 교회를 일구려 하지 않습니다. 다른 교회를 타도해야 할 경쟁자로 삼지 않습니다. 그리고 서로에 대하여 인내해 주고 참아 줍니다. 혹 어떤 교회가 미숙할지라도 좀더 성숙할 때까지 서로 돕고 격려하며 기다려 줍니다. 서로 사랑하는 교회들은 서로를 환영합니다. 서로에 대해서 무시하거나 내치지 않습니다. 도리어 서로를 존귀하게 여겨 주고 환대합니다. 오늘날 한국 교회들 사이에 꼭 필요한 영성이 바로 이러한 삼위일체 영성입니다.

교회들 가운데 사랑의 코이노니아가 온전하게 실현되기 위해서는 서로를 섬기고 서로를 위하여 희생하는 디아코니아의 영성이 실현되어야 합니다. 오늘날 교회들이 서로를 위하여 희생하는 일이란 찾아보기 어렵습니다. 오히려 다른 교회들의 성도들을 도둑질하지 않으면 그나마 다행입니다. 교회들이 계속 이런 식으로 행하면 교회는 맛을 잃고 세상 사람들에게 짓밟혀 버리는 쓸데없는 소금이 되고 말 것입니다.

서로 섬기고 희생하는 영성이 교회들 간에 회복되어야 합니다. 내면적으로 성숙하고 재정 면에서 여유 있고 인력 면에서 여유 있는 교회들은 그렇지 못한 교회에 일꾼들을 나누어 주어야 합니다. 재정도 나누어 주고, 교회의 성숙을 위한 프로그램도 마땅히 나누어 주어야 합니다. 큰 교회들이 목회자와 평신도 지도자들을 모아서 세미나를 여는 일에는 열심이지만, 정작 그 교회의 일꾼들을 연약한 교회에 보내거나 자기 교회의 여유 재정을 다른 연약한 교회와 나누어 사용하는 일에는 대단히 인색합니다.

교회들이 예수님처럼 자기 살을 떼어 주는 희생과 섬김의 영성을 본받아 실현할 때에야 비로소 우리가 소망하는 한국 교회의 부흥과 갱신 그리고 하나님 나라의 진보가 이루어질 것입니다.

NOte

중요 용어

은사 교회 공동체의 유익을 위해서 성령께서 성도 개개인에게 주권적으로 주시는 선물이다. 방언, 예언, 신유와 같은 신령한 은사와 섬김, 위로, 다스림, 가르침 등과 같은 자연적 은사가 있다.

직분 주님께서 교회를 자라게 하기 위해서 교회에 주신 사역과 관계된다. 직분은 결코 계급이 아니다. 직분은 오히려 교회를 섬기도록 주신 임무이다. 목사, 장로, 권사, 집사 등의 직분이 있다.

교회일치운동 세계교회협의회를 중심으로 진행되고 있는 에큐메니컬운동. 이 운동의 취지는 긍정적으로 평가하고 있으나, 운동 과정에서 신학적 급진주의와 자유주의로 기울고 있다는 비판을 받고 있다.

토론 문제

1. 삼위일체 영성이 성도와 성도 간에 실현되면 얻게 되는 유익은 무엇입니까?
2. 목회자는 어떻게 성도를 섬길 수 있을까요? 또 같은 지역의 목회자들 사이에 삼위일체 영성을 구현하는 방법들에는 어떤 것들이 있을까요?
3. 교회와 교회 사이에 삼위일체 영성이 실현될 때 얻게 되는 유익은 무엇입니까?

6. 삼위일체 영성과 교단 간에는 어떤 관계가 있나요?

오늘날 삼위일체 영성이 시급하게 실현되어야 할 영역은 교단과 교단 사이의 관계입니다. 한국 교회 120여 년의 역사는 끊임없는 교단 분열의 역사였다고 해도 과언이 아닙니다. 물론 모든 종류의 교단 분열이 다 나쁘다는 것은 아닙니다. 복음 진리의 본질에 관계된 문제로 반드시 분열해야 할 때가 있기 때문입니다. 하지만 한국 교회의 역사를 정직하게 바라보면 정당성이 있는 분열보다는 그렇지 않은 분열이 더 많았음을 부인하기 어렵습니다.

오늘날 한국의 장로교단을 살펴보면, '대한예수교장로회'라는 이름을 가진 교단만 100개가 넘습니다. 그런데 이들 대부분의 장로교단들이 자신들을 종교개혁자 존 칼빈의 후예들로 여기고 있습니다. 아이러니컬하게도 존 칼빈은 16세기 종교개혁 당시 가장 적극적으로 복음적인 교회일치운동을 주도했습니다. 그러나 오늘날 존 칼빈의 후예라고 하는 사람들 중 많은 이들이 교단 분열의 주도자라는 사실은 정말 부끄러운 일이 아닐 수 없습니다. 장로교단만이 아닙니다. 순복음교단은 예수교하나님의 성회 측과 기독교하나님의성회 측으로 분열되어 있습니다. 성결교단도 예수교성결회 측과 기독교성결회 측으로 분열되어 있습니다. 감리교단도, 침례교단도 마찬가지입니다.

문제는 교단 분열의 현실이 한국 교회에 대한 대사회적 신뢰도와 영향력을 약화시킨다는 데 있습니다. 많은 교단과 교파로 분열된 한국 교회는 세상 사람들에게 손가락질과 조롱을 받고 있습니다. "사랑, 사랑 하면서 말뿐이야. 예수쟁이들이 더 깍쟁이고 고집이 세"라는 말을 듣게 됩니다. 하나님의 영광이 가려지고, 하나님 나라 진보에 막대한 손실을 주게 됩니다. 예수 그리스도의 이름이 모욕을 받습니다. 이러한 문제를 해결하기 위해서는 교단들과 교단들 사이에도 삼위일체 영성이 추구되고 실현되어야 합니다.

다양성의 존중과 예찬

개교회들만 아니라 교단들 간에도 다름과 차이를 인정하고 존중하고 예찬하는 풍토가 확산되어야 합니다. 감리교의 특성과 장로교의 특성이 다를 수 있습니다. 순복음교단과 침례교단의 특성이 다를 수 있습니다. 하지만 각 교단들은 서로를 인정하고 존중해야 합니다. 그러는 가운데 서로의 강점을 배울 수 있어야 합니다. 다른 전통과 다른 강조점을 가진 교단들이 있다는 사실은 재앙이 아닙니다. 오히려 다양성을 존중하시는 하나님의 섭리의 역사로 받아들여야 합니다. 한 교회에 다양한 은사와 직분을 가진 지체들이 있듯이, 한 기독교권 안에 다양한 특성을 가진 교단과 교파들이 있습니다.

  그렇다고 이 다양성의 존중이 무질서한 분열주의로 흘러서는 안 될 것입니다. 복음 진리의 본질적인 면과 관계되지 않는 한 교단 분열은 절대적으로 막아야 합니다. 마르틴 루터는 종교개혁 당시 가톨릭교회가 말할 수 없을 정도로 타락했음에도 불구하고, 가톨릭교회만이 자신의 어머니 교회라고 선언했습니다. 그는 가톨릭교단을 정죄하고 교단을 뛰쳐나오기보다는 그 교단 내에서 개혁을 도모했습니다. 루터가 루터파라는 개신교회를 시작하게 된 것은 교황이 루터를 파문하고 축출함으로써 그가 더 이상 가톨릭 내에 남을 수 없었기 때문이지, 루터 스스로 가톨릭과 분열하여 교단을 나온 것이 아닙니다. 그가 추방되고 축출되었을 때에야 비로소 새로운 교단이 그를 중심으로 형성되기 시작했습니다.

  루터의 이런 자세는 오늘날 교단 분열주의자들에게 경종을 울립니다. 복음 진리의 본질과 관련된 문제가 아닌 비본질적인 문제를 핑계 삼아 교회를 분열시키는 것은 성경적으로도, 역사적으로도 정당화될 수 없습니다. 더 나아가 교권에 대한 이기적인 욕망에 의해서 교회를 분열시키는 것은 정죄되어야 마땅합니다.

다양성 안에서 연합을 추구

  기독교 내에 다양한 교단과 교파가 있지만, 이 교단과 교파들은 교회의 머리 되신 예수 그리스도 안에서 하나입니다. 교단과 교파들의 특성과 강조점이 다양하지만, 모든 교단과 교파들은 예수 그리스도를 주님과 구주로 고백하는 데서 일치를 추구해야 합니다. 적어도 그 신앙고백이 복음적이라면 서로의 차이를 존중하면서 하나 됨과 연합을 추구해 가야 합니다.

　장로교와 침례교 사이의 다름과 차이를 강조하는 분들도 있습니다. 특히 장로교에 속한 사람들은 침례교의 회중정치 체제나 물속에 온몸을 담그는 침례에 대해 거부감을 가지고 있습니다. 침례교에 속한 사람들은 장로교의 장로정치 체제나 유아세례 그리고 물을 머리에 뿌리는 세례 형식에 불편함을 느낍니다. 하지만 장로교회의 신학과 신앙고백 그리고 침례교의 신학과 신앙고백을 비교해 보면 차이보다는 서로 일치하고 공유하는 부분이 훨씬 더 많습니다. 적어도 복음주의적인 장로교단과 복음주의적인 침례교단은 차이보다는 서로 공감하는 부분이 훨씬 많습니다.

　예를 들어, 복음적 장로교회와 침례교회는 성경이 하나님의 영감으로 된 무오한 계시의 말씀으로서 우리의 신앙과 행위의 최고 규범이라는 사실을 동일하게 고백합니다. 하나님께서 성부와 성자와 성령, 삼위일체이시라는 사실에 대한 동일한 고백이 있습니다. 사람이 하나님의 형상에 따라 창조되었으나 하나님 앞에 불순종함으로써 타락했다는 고백이 있습니다. 타락한 죄인들은 그 본성이 전적으로 부패해 있고 영적으로 죽어 무능한 상태에 있음을 함께 받아들입니다. 죄와 사망과 마귀의 권세에 종노릇하는 죄인들을 구원하시기 위해 하나님 아버지께서는 당신의 아들 예수 그리스도를 보내셨습니다. 그 아들이 십자가에서 죽으심으로 인류에 대한 속죄를 감당하시고, 장사된 지 사흘 만에 부활하셨음을 동일하게 믿습니다.

　또한 누구든지 자신의 죄 된 삶을 회개하고 예수 그리스도를 주와 구주로 영접하면 죄사함을 얻고 하나님의 자녀가 되어 영원한 생명을 얻게 됨을 믿습니다. 이러한 구원은 오직 믿음으로 얻게 되는 하나님의 은혜의 선물이라는 신앙고백이 있습니다. 예수 믿는 자들에게는 성령이 내주하셔서 그들을 거룩한 삶으로 인도하신다고 믿습니다. 예수 믿는 자들의 공동체가 교회이며, 교회는 하나님의 말씀을 가르치고 천국 복음을 전파하며 병든 자들을 치료하고 불쌍한 자를 구제하며, 오직 삼위일체 하나님만을 예배하는 그리스도의 몸이라는 것을 동일하게 고백합니다. 부활하신 주님은 아버지께서 정하신 때에 하늘로부터 재림하실 것이며, 그 후에 백보좌 심판이 있고, 죽은 자의 부활과, 새 하늘과 새 땅과 새 예루살렘과 영생이 있음을 동일하게 고백합니다. 결국 복음주의적인 장로교회와 침례교회는 신학과 신앙고백 면에서 서로 간의 차이점보다 함께 공유하는 부분이 훨씬 더 많음을 우리는 깨닫게 됩니다.

장로교회와 순복음교회도 마찬가지입니다. 성령세례에 대한 다른 이해가 있고 영적인 은사에 대해 다른 견해를 갖고 있지만, 근본적인 신앙고백에서는 하나입니다. 우리는 서로 다름을 지나치게 강조함으로써 서로 간의 공통점과 일치됨을 잊어버리거나 무시합니다. 우리는 이러한 죄악을 가슴을 찢으며 회개해야 합니다. 그러한 태도는 삼위일체 영성과 어울리지 않습니다. 오히려 다양성과 차이가 있음을 인정하고 존중하면서, 함께 공유하고 있는 부분을 예찬하고, 성령께서 하나 되게 하신 것을 힘써 지키는 태도가 삼위일체 영성과 어울립니다.

그런 의미에서 오늘날 한국 교회 내에서 조심스럽게 일어나고 있는 여러 교단들의 일치와 연합운동은 긍정적으로 평가할 수 있습니다. 최근에 있었던 예장합동 측과 예장개혁 측의 교단 통합은 좋은 실례가 되었습니다. 두 교단 모두 개혁신앙을 교단의 중심 신학으로 규정하고 있기에, 두 교단의 통합은 명분이 있는 좋은 귀감이 되었습니다. 하지만 일치와 연합운동이 신앙의 본질과 관계해서 추구되지 않고, 외면적이고 구조적인 면에서만 추구된다면 문제가 있습니다. 삼위일체 하나님의 세 위격은 서로의 다름을 존중하면서도, 끊임없이 하나 되는 영적 사귐을 가지고 계십니다. 마찬가지로 여러 교단들이 서로의 다름을 존중하면서도 끊임없이 하나 됨과 일치를 추구할 때, 삼위일체 영성은 교단과 교파 간에도 실현될 수 있습니다.

페리코레시스의 관계성

삼위일체 영성을 추구하는 다양한 교파와 교단들은 페리코레시스, 즉 상호 내주의 관계성을 실현해야 합니다. 그것은 다양한 교단과 교파들이 다른 교단과 교파들의 사역과 삶에 동참함으로써 실현됩니다. 물론 각각의 교단과 교파들은 상대적인 독립성을 유지해야 합니다. 그러나 그것을 핑계로 다른 교단과 서로 동참하는 삶을 포기하거나 무시해서는 안 됩니다. 적어도 예수 그리스도의 복음에 대한 헌신과 신앙고백이 뚜렷한 교단 간에는 상호 참여의 아름다운 관계가 유지되어야 합니다.

예를 들면, 어떤 특정 사안에 대해서 여러 교단들이 공동선언을 채택할 수 있습니다. 환경문제나 인권문제와 관련해서 공동선언문을 작성하는 데 함께 참여할 수 있습니다. 국가적으로 중대한 사안에 대해서 공동으로 보조를 맞추어 협력할 수 있습니다. 더 나아가 민족복음화를 위해서 교단들이 협력할 수 있습니다. 사회참여나 사회선교를 위해서 교단 간의 협의체를 구성하여 동참할 수 있습니다. 한국기독교총연합회(한기총)와 같은 예가 있습니다. 물론 한기총의 역할이 한국 교회나 사회를 위해서 항상 긍정적이었다고는 생각지 않습니다. 하지만 부족하나마 이런 협의체가 있어서 한국 교회의 보수주의 내지 복음주의권을 대표하는 목소리를 낼 수 있다는 것은 귀하다고 생각합니다. 또한 한국장로교총연합회^{한장연}도 장로교단 간의 상호 교통과 연합과 참여를 촉진하는 좋은 시도로 보입니다. 한국기독교교회협의회^{KNCC}도 좋은 실례가 됩니다. KNCC는 그동안 개신교 진보권을 대표하는 연합기구였습니다. 그러다 보니 신학적으로 자유주의권의 입장만을 대변해 왔다는 안타까움이 있습니다. 앞으로 복음적인 신앙고백과 실천을 강화한다면 한국 교회와 사회를 위해 좋은 기여를 할 수 있을 것입니다.

　세계선교를 위해서도 마찬가지입니다. 요즘 많은 교단들은 세계선교를 위해 각개전투를 벌이고 있습니다. 그러다 보니 효과가 미흡합니다. 만일 세계선교를 위해서 다양한 교단들이 함께 통일된 조직을 구성하고 기도와 힘을 합해 나간다면 분명 좋은 열매를 거둘 수 있을 것입니다. 특히 이슬람권 선교를 위해서는 초교파적인 선교기구를 구성하는 것이 좋습니다. 그렇게 함으로써 교단과 교파가 연합해서 선교 사역을 효과적으로 진행해 나갈 수 있습니다.

　여러 교파와 교단들은 서로서로에게 의존되어 있음을 깨달아야 합니다. 한 교단이 복음의 영향력을 상실한다는 것은 결국 기독교계 전체에 부정적인 영향을 줍니다. 어떤 교단이 교단으로서의 역할을 적절하게 감당해 주지 못할 때, 모든 교단이 어려움에 처하게 될 수 있습니다. 그러므로 우리는 전체 기독교권에 속한 모든 교단이 동일한 운명 공동체에 속해 있음을 직시해야 합니다. 그러할 때 우리 교단만 잘되면 된다는 식의 교단이기주의의 덫에 빠져들지 않게 됩니다.

사랑의 코이노니아와 디아코니아

　삼위일체 하나님의 세 위격이 서로서로 사랑하며 섬기는 사귐 가운데 계시듯 다양한 교단들 사이에도 사랑과 섬김의 교통이 실현되어야 합니다. 교단들은 서로서로를 인정하고 높여 주고 존중해야 합니다. 무시하거나 우습게 여겨서는 안 됩니다. 교단과 교단 간에 진정한 사랑의 코이노니아가 이루어지기 위해서 교단의 대표자들이 월례모임이나 연례모임을 가질 수 있을 것입니다. 부활절 연합예배와 같은 초교파적인 연합 행사를 가질 수도 있습니다. 그리고 다른 교파나 교단에 대해서 긍정적인 평가를 내려 주고, 각 교단의 강점을 인정해 주는 풍토가 자리 잡혀야 합니다.

　다양한 교파와 교단 간에 사랑의 코이노니아가 자리 잡기 위해서는 섬김의 교통이 실현되어야 합니다. 교파와 교단 간에 자신을 희생시켜 다른 교단을 더 성숙하게 하고, 더 힘 있게 하는 일들이 일어나야 합니다. 다양한 교파와 교단들은 각각 이기적인 목적을 가지고 상호 경쟁하는 관계에 있지 않습니다. 도리어 하나님의 영광과 하나님 나라의 진보라는 같은 목적을 위해서 서로 사랑하고 섬겨 주는 협력 관계에 있습니다. 삼위일체 하나님의 세 위격이 서로 가운데 누리시는 아가페적 사랑의 코이노니아와 섬김의 친교가 교파와 교단 사이에서도 구체화되어야 합니다. 물론 완전할 수는 없습니다. 그럼에도 불구하고 완전을 향하여 한 걸음씩 나아갈 수 있습니다. 이런 작은 걸음들이 세상에 선한 영향을 미치게 될 것이고, 이로 인하여 많은 사람들이 주님께로 돌아오는 역사가 일어날 것입니다.

NOTE

중요 용어

장로교단   존 칼빈이 주창한 개혁신학의 원리와 장로정치 체제를 근간으로 하는 개신교의 한 교파. 간접 민주제인 대의제를 선호하고, 유아세례를 강조하며, 세례 방식 면에서 물을 머리에 뿌리는 방식을 주창함.

침례교단   정치와 종교의 분리를 강조하고, 세례 방식 면에서 온몸을 물에 담그는 침수의 방식을 주창함. 직접 민주제인 회중제를 강조함.

감리교단   18세기 영국의 부흥운동가 존 웨슬리의 신학에 기초한 교단. 감독제와 인간의 자유의지를 강조하는 아르미니안신학을 많이 수용함.

순복음교단   20세기 초반 미국에서 일어난 오순절운동의 영향으로 세워진 교단. 제2의 축복인 성령세례를 강조하고, 방언과 예언 같은 신령한 은사를 주창함.

토론 문제

1. 마르틴 루터의 복음적 교회일치 정신은 무엇입니까?
2. 존 칼빈은 종교개혁 당시 어떻게 교회일치를 위해 노력했습니까?
3. 교단과 교단 사이에 삼위일체 영성이 실현될 때 얻게 되는 유익은 무엇입니까? 교단 간의 연합 사역은 어떤 모습으로 추구되어야 합니까?
4. 삼위일체 영성의 관점에서 이단들은 어떻게 다루어야 할지 이야기해 봅시다.

7. 삼위일체 영성과 선교는 어떤 관계가 있나요?

　제1부 5장에서 삼위일체 신학의 핵심을 설명했습니다. 삼위일체 신학의 핵심 중 네 번째 진리인 삼위 간의 코이노니아를 다루면서 삼위일체 하나님의 세 위격은 서로 간에 '보내시고 보내심을 받는 친교'를 나누고 있음을 밝혔습니다. 아버지는 아들을 세상에 보내시고, 아버지와 아들은 성령을 교회와 세상에 보내시며, 아버지와 아들과 성령은 교회를 세상에 보내시는 교통 중에 계시다는 것을 논했습니다.

　삼위일체 하나님의 세 위격이 보내시며 보냄을 받는 교통 가운데 있다는 사실은 신학적으로 대단히 중요한 의미가 있습니다. 그것은 삼위일체 하나님의 존재 자체가 '선교적'missional인 특성을 가진다는 뜻입니다. 다시 말하면, 선교는 하나님의 여러 사역들 가운데 하나이기 전에 하나님의 존재론적 특성ontological feature이라는 것입니다. 선교가 삼위일체 하나님의 존재 중심에 있다는 신학적 통찰을 따라 오늘날 많은 선교학자들은 전통적으로 '선교적인'이라는 뜻을 가졌던 'missionary'라는 단어를 대체하기 위해서 '존재론적으로 선교적인'이라는 뜻을 가진 'missional'이라는 단어를 사용하고 있습니다.

　삼위일체 영성과 선교는 매우 긴밀한 관계를 가집니다. 삼위일체 영성을 추구하고 실현하고자 하는 개인과 공동체는 반드시 선교적missional일 수밖에 없습니다.

교회: 보냄을 받은 공동체

　삼위일체 영성의 관점에서 볼 때 교회는 삼위일체 하나님으로부터 세상에 보내어진 공동체입니다. 교회가 하나님께로부터 보냄을 받았다는 것은 곧 교회의 정체성이 선교적이라는 것을 의미합니다. 그러므로 선교는 교회가 수행하는 다양한 사역들 가운데 하나가 아닙니다. 오히려 선교는 교회의 존재 이유 자체입니다. 이 땅에 교회가 존재하는 목적은 바로 선교를 위한 것입니다. 교회 공동체가 수행하는 다양한 사역들은 결국 선교 목적을 성취하기 위한 것입니다.

　우리 주님은 이렇게 기도하셨습니다.

> 아버지께서 나를 세상에 보내신 것같이 나도 저희를 세상에 보내었고 또 저희를 위하여 내가 나를 거룩하게 하오니 이는 저희도 진리로 거룩함을 얻게 하려 함이니이다 요 17:18-19.

　이 말씀은 하나님의 아들 예수 그리스도께서 교회를 세상에 보내셨음을 뜻합니다. 세상에 보내어진 교회는 세상과 구별된 공동체입니다.

내가 비옵는 것은 저희를 세상에서 데려가시기를 위함이 아니요 오직 악에 빠지지 않게 보전하시기를 위함이니이다. 요 17:15.

이 말씀은 비록 교회가 세상 속에 보내어졌지만, 세상의 악으로부터 분리되어 존재해야 함을 뜻합니다. 동시에 교회는 세상을 도피하여 존재하는 것이 아니라, 세상 속에 존재해야 함을 뜻합니다. 즉, 세상 속에 있으나 in the world, 세상과 일치되지 않는 not of the world 공동체로 남아야 한다는 것입니다.

교회에 주어진 지상 명령

주님은 부활하시고 승천하시기 직전 제자들에게 선교와 관련된 대명령을 주셨습니다. 마태복음 28장 18-20절이 대표 구절입니다.

> 예수께서 나아와 일러 가라사대 하늘과 땅의 모든 권세를 내게 주셨으니 그러므로 너희는 가서 모든 족속으로 제자를 삼아 아버지와 아들과 성령의 이름으로 세례를 주고 내가 너희에게 분부한 모든 것을 가르쳐 지키게 하라 볼지어다 내가 세상 끝 날까지 너희와 항상 함께 있으리라 하시니라.

선교 대명령을 주시는 분은 하늘과 땅의 모든 권세를 아버지께로부터 받으신 온 우주의 절대 주권자 예수님이십니다. 교회가 해야 할 일은 먼저 세상의 모든 족속을 향하여 가는 것입니다. 보내시는 주님의 명령에 순종하여 세상 모든 족속을 향하여 나아가는 것이 교회의 의무입니다. 그들에게 나아가서 모든 족속을 예수님의 제자로 만드는 것이 교회의 또 다른 의무입니다. 그런 다음 예수님의 제자가 된 모든 사람을 삼위일체 하나님의 이름으로 세례를 주라고 주님은 명령하십니다. 이것은 삼위일체 하나님의 존재 본질이 선교와 밀접한 관계가 있음을 암시해 줍니다. 동시에 교회의 선교는 삼위일체 하나님의 선교에 동참하는 것과 관련이 있음을 암시해 줍니다. 제자 삼고 세례를 준 뒤에는 그들에게 주님께서 분부하신 모든 것을 지키도록 가르치라고 명령하십니다. 이것은 교회의 선교가 가르치는 사역, 즉 교육 사역과 긴밀하게 연결되어 있음을 암시합니다. 마가복음 16장 15-16절 역시 이 명령을 잘 선포하고 있습니다.

> 또 가라사대 너희는 온 천하에 다니며 만민에게 복음을 전파하라 믿고 세례를 받는 사람은 구원을 얻을 것이요 믿지 않는 사람은 정죄를 받으리라.

교회가 할 일 가운데 하나는 온 천하에 다니는 것입니다. 온 세상으로 나아가는 것입니다. 나아가서 모든 사람에게 또는 모든 피조물에게 복음을 전파해야 합니다. 복음을 전파하면 두 가지 결과가 나타나는데, 믿고 세례 받는 사람과 믿지 않는 사람이 있게 됩니다. 믿는 자는 구원을 받을 것이요, 믿지 않는 자는 정죄를 받을 것이라고 주님은 말씀하셨습니다. 이 구절은 선교의 전 우주적 차원을 강조함과 동시에 선교와 복음전파의 긴밀한 관계를 강조해 줍니다. 누가복음 24장 46-48절도 살펴봅시다.

> 또 이르시되 이같이 그리스도가 고난을 받고 제삼일에 죽은 자 가운데

서 살아날 것과 또 그의 이름으로 죄사함을 얻게 하는 회개가 예루살렘으로부터 시작하여 모든 족속에게 전파될 것이 기록되었으니 너희는 이 모든 일의 증인이라.

주님은 여기서 선교 대명령을 선교 대약속의 형식으로 주고 있습니다. 이것은 대단히 중요한 신학적 의미가 있습니다. 선교는 교회를 향한 주님의 명령이자 세상을 향한 당신의 약속이라는 것입니다. 그러므로 선교란 한 교회가 독립적인 능력으로 수행할 과업이 아니라, 약속하신 주님의 능력을 힘입어 주와 동역하는 사역인 것입니다. 선교 대약속은 결국 죄사함을 얻게 하는 회개의 복음이 예루살렘으로부터 시작하여 모든 족속, 즉 모든 열방 all nations에게 전파될 것이라는 언약입니다. 사실상 이 약속은 창세기 12장에서 하나님께서 아브라함에게 주셨던 약속과 직접적으로 연결됩니다.

땅의 모든 족속이 너를 인하여 복을 얻을 것이니라 창 12:3.

아브라함에게 주신 이 약속을 하나님은 당신의 아들을 통하여 이루시고, 또 교회와 성령을 통하여 이루어 가고 계신 것입니다.

오직 성령이 너희에게 임하시면 너희가 권능을 받고 예루살렘과 온 유대와 사마리아와 땅 끝까지 이르러 내 증인이 되리라 행 1:8.

이 구절도 절대주권자의 예언과 언약 형식으로 주어진 주님의 명령입니다. 교회가 땅 끝까지 이르러 예수 그리스도의 증인이 될 것이라는 예언과 약속인 것입니다. 이 말씀을 주신 분이 당신의 신실하심과 능력으로 이 약속과 예언을 이루어 가실 것을 확증하고 계신 것입니다.

바울 사도는 고린도후서 5장 18-19절에서 하나님께서 교회에게 화목하게 하는 직책을 주셨다고 말씀합니다. 이는 교회는 세상 속에 존재하면서 세상과 하나님의 깨어진 관계를 복원하는 화해의 사신이 되어야 한다는 말씀입니다.

> 모든 것이 하나님께로 났나니 저가 그리스도로 말미암아 우리를 자기와 화목하게 하시고 또 우리에게 화목하게 하는 직책을 주셨으니 이는 하나님께서 그리스도 안에 계시사 세상을 자기와 화목하게 하시며 저희의 죄를 저희에게 돌리지 아니하시고 화목하게 하는 말씀을 우리에게 부탁하셨느니라 고후 5:18-19.

베드로 사도도 비슷한 의미의 말씀을 하고 있습니다.

> 오직 너희는 택하신 족속이요 왕 같은 제사장들이요 거룩한 나라요 그의 소유된 백성이니 이는 너희를 어두운 데서 불러내어 그의 기이한 빛에 들어가게 하신 자의 아름다운 덕을 선전하게 하려 하심이라 벧전 2:9.

결국 교회를 세상에서 불러내어 당신의 백성으로 세우신 목적은 하나님의 아름다운 덕을 선전하게, 즉 하나님의 이름을 높이고 찬양하게 하시려는 것이라는 뜻입니다.

성령과 선교

주님께서 교회에게 주신 선교의 대명령은 교회 자체의 힘으로 이룰 수 없습니다. 그래서 주님은 그분 자신이 항상 교회와 함께 하시겠다고 약속하셨습니다. 육신의 몸을 입고 부활 승천하여 하나님 보좌 우편에 앉으신 성자 예수님이 세상 속에 있는 교회와 항상 함께 하실 수 있는 길은 성령을 통해서입니다. 왜냐하면 성자는 성령 안에, 성령은 성자 안에, 상호 내주의 방식으로 존재하시기 때문입니다. 그래서 주님은 선교의 대명령과 약속을 제자들과 교회에 주실 때마다 성령의 능력을 힘입을 것을 함께 명령하셨습니다. 대표적인 구절이 누가복음 24장 49절입니다.

볼지어다 내가 내 아버지의 약속하신 것을 너희에게 보내리니 너희는 위로부터 능력을 입히울 때까지 이 성에 유하라.

"아버지의 약속하신 것"은 성령입니다. 그리고 위로부터 오는 능력도 성령입니다. 이 말씀 바로 앞에는 주님께서 복음이 모든 족속에게 전파될 것을 약속하는 구절이 나옵니다. 결과적으로 성자 예수께서 성부로부터 성령을 받아 교회에 보내시면, 그 성령의 능력을 힘입어 교회가 선교의 임무를 감당하게 될 것이라는 말씀입니다. 요한복음 20장 21-23절은 성령과 선교의 관계에 대해서 소중한 교훈을 줍니다.

예수께서 또 가라사대 너희에게 평강이 있을지어다 아버지께서 나를 보내신 것같이 나도 너희를 보내노라 이 말씀을 하시고 저희를 향하사 숨을 내쉬며 가라사대 성령을 받으라 너희가 뉘 죄든지 사하면 사하여질 것이요 뉘 죄든지 그대로 두면 그대로 있으리라.

 부활하신 주님은 다시 한 번, 성부께서 자신을 세상에 보내신 것같이 자신도 교회를 세상에 보내신다고 말씀하십니다. 그런 다음 이어서 "성령을 받으라"고 하십니다. 이 말씀은 세상에 보내어진 교회가 선교의 사명을 이루기 위해서는 반드시 성령의 인도와 능력을 힘입어야 함을 강조하신 것입니다.
 마침내 오순절날 마가의 다락방에 모인 120명의 제자들에게 성령이 임하셨습니다. 교회에 임하신 성령은 계속해서 교회의 성장과 선교의 역사를 직접 진두지휘하시면서 성자 예수님의 명령과 약속이 성취되도록 하십니다. 사도행전을 자세히 읽어 보면, 교회가 세워지고 성장하는 것과 선교가 이루어지는 것은 불가분의 관계임을 발견하게 됩니다. 교회는 반드시 선교를 통하여 그 정체성이 실현되고, 선교를 통하여 성장하게 된다는 것입니다. 여기서 우리는 초대교회가 삼위일체 영성을 구현한 선교의 공동체였음을 기억해야 합니다. 초대교회가 삼위일체 영성을 구현한 선교의 공동체였다는 것은 다음 구절을 통해 분명하게 드러납니다.

> 사람마다 두려워하는데 사도들로 인하여 기사와 표적이 많이 나타나니 믿는 사람이 다 함께 있어 모든 물건을 서로 통용하고 또 재산과 소유를 팔아 각 사람의 필요를 따라 나눠 주고 날마다 마음을 같이하여 성전에 모이기를 힘쓰고 집에서 떡을 떼며 기쁨과 순전한 마음으로 음식을 먹고 하나님을 찬미하며 또 온 백성에게 칭송을 받으니 주께서 구원받는 사람을 날마다 더하게 하시니라 행 2:43-47.

이 말씀은 먼저, 초대교회 성도들이 다 함께 있었다고 증거합니다. 즉, 극단적인 개인주의가 들어설 자리가 없었다는 것입니다. 하나의 공동체를 이루었다는 것입니다. 둘째, 모든 물건을 통용했다고 합니다. 여기서 통용이란 말은 공동의 소유로 함께 사용했다는 뜻입니다. 이 말은 곧 초대교회가 삼위일체 하나님의 존재 방식인 연합적 친교의 공동체를 빼닮았음을 뜻합니다. 셋째, 재산과 소유를 팔아 각 사람의 필요를 따라 나눠 주었다고 합니다. 상호 경쟁의 방식이 아니라, 상호 의존의 방식으로 공동체의 삶을 영위했다는 것입니다. 그리고 재산과 소유를 팔 때 어느 누구도 강요받지 않고 자발적으로 자유롭게 그렇게 했습니다. 넷째, 날마다 마음을 같이했다고 합니다. 이것은 다양한 사람들이 있었지만, 그 다양성이 무질서한 분열주의로 흐르지 않고 통일성과 일치와 하나 됨과 연합을 추구했음을 뜻합니다. 다섯째, 모이기를 힘썼다고 합니다. 모여서 사랑과 선행을 격려하는 삶을 살았습니다. 여섯째, 이렇게 삼위일체 영성이 구현된 삶을 사니까 온 백성에게 칭송을 받았습니다. 그리고 일곱째, 삼위일체 영성이 구현된 공동체의 삶을 교회가 살아가니까 주님께서 구원받는 사람을 날마다 더하게 하셨습니다. 즉, 선교의 존재 사명을 교회가 성취할 수 있도록 주께서 친히 역사하셨다는 것입니다.

우리는 여기서 놀라운 통찰을 얻습니다. 그것은 교회가 삼위일체 영성을 구현하는 것과 교회가 선교 사명을 수행하는 것이 너무도 긴밀하게 연결되어 있다는 것입니다. 이것은 오늘날 우리에게 중요한 시사점을 던져 줍니다. 우리가 삼위일체 영성을 추구하고 실현하는 만큼 우리의 선교적 사명이 성취된다는 것입니다. 우리는 이 사실을 진정 깊이 깨닫고, 교회 공동체가 삼위일체 영성을 체현하는 공동체가 되도록 성령의 인도를 따라 최선을 다해야 할 것입니다.

선교의 두 차원

　전통적으로 복음주의권에서는 복음전도evangelism를 통해서 죄인을 구원하는 개인구원personal salvation을 선교의 중심 차원으로 여겨 왔습니다. 하지만 1974년 스위스 로잔에서 세계 150개 나라의 복음주의 지도자들이 모여 작성한 로잔언약Lausanne Covenant은 복음전도와 사회참여를, 선교로서 동등하나 구별된 두 가지 차원으로 인정하게 되었습니다.

　이것은 복음주의권의 선교관에 혁명적인 변화를 가져다주었습니다. 즉, 죄인이 어떤 사회적·문화적 환경 속에서 살든지 관계없이 그 영혼만을 구원하면 된다는 식의 근본주의적 선교관이 거부되기에 이른 것입니다. 로잔언약은 죄인의 영혼을 구원하는 일만큼, 죄인이 처한 사회적·경제적·정치적·문화적 환경을 하나님 나라의 가치와 일치하는 방향으로 변혁하는 일도 중요하다고 고백한 것입니다.

　복음주의권에서는 여전히 이 고백에 대한 찬반 논쟁이 지속되고 있습니다. 그 논쟁의 핵심은 우선권이 어디에 있느냐와 관련이 있습니다. 어떤 복음주의자들은 사회참여의 중요성을 인정하면서도 여전히 복음전도를 통한 개인구원의 우선성을 강조하려고 합니다. 반면 다른 복음주의자들은 복음전도를 통한 개인구원과 하나님 나라 가치의 확산을 통한 사회구원이 대등하고 동등한 가치가 있다고 봅니다. 그렇지만 그리스도인의 사회참여가 선교의 중요한 차원이라는 사실에는 오늘날 거의 모든 복음주의자들이 뜻을 함께하고 있습니다.

　그리스도인의 사회참여가 선교의 중요한 차원이라는 사실은 성경을 통해서 보더라도 의문의 여지가 없습니다. 마태복음 9장 35-36절은 주님께서 하신 사역을 다음과 같이 묘사합니다.

예수께서 모든 성과 촌에 두루 다니사 저희 회당에서 가르치시며 천국 복음을 전파하시며 모든 병과 모든 약한 것을 고치시니라 무리를 보시고 민망히 여기시니 이는 저희가 목자 없는 양과 같이 고생하며 유리함이라.

이 구절을 통해서 우리는 주님께서 헌신한 네 가지 사역이 있음을 알게 됩니다. 첫째는 가르치시는 사역입니다. 하나님의 말씀을 자세히 풀어서 가르치셨습니다. 둘째는 천국 복음을 전파하시는 사역입니다. 하나님 나라의 복음을 널리 전파하셨습니다. 셋째는 모든 병과 모든 약한 것을 고치시는 치유 사역입니다. 넷째는 무리를 보시고 민망히 여기시는 긍휼과 구제 사역입니다. 여기서 셋째와 넷째, 즉 치유 사역과 긍휼 사역은 교회의 사회적 책임과 밀접하게 관련되어 있습니다. 요컨대 우리 주님께서도 복음전도를 통한 개인구원적 차원과 사회참여를 통한 사회변혁적 차원을 당신의 사역 속에 통합하셨다는 것입니다. 아버지로부터 세상에 보내심을 받은 선교사로서 우리 주님은 개인구원적 선교와 사회참여적 선교 두 차원을 총체적으로 당신의 삶 속에서 구현하신 것입니다. 수직적으로는 하나님을 온 마음을 다해 사랑하시고, 수평적으로는 죄인을 자기 몸처럼 사랑하심으로 균형 잡힌 선교 사역을 감당하신 것입니다.

선교의 사회적 차원은 삼위일체 영성과 밀접한 관계가 있습니다. 선교의 사회적 차원은 하나님 나라의 가치관을 세상에 확산시키는 일을 뜻하기 때문입니다. 하나님 나라는 연합적 친교의 공동체인 삼위일체 하나님의 나라입니다. 연합적 친교의 공동체가 지향하는 가치가 하나님 나라의 가치관입니다. 따라서 교회가 하나님 나라의 복음을 증거한다는 것은 하나님 나라의 가치관이 세상과 사회에 영향을 미치게 하는 것과 관련됩니다. 다시 말하면, 성령 안에서 의와 평강과 희락의 공동체인 하나님의 나라^{롬 14:17}는 교회뿐만 아니라 세상 속에서 계속해서 실현되어야 합니다. 하나님의 나라는 교회를 포함하지만 교회에 의해서 제한되지 않습니다. 하나님 나라는 이 세상을 초월하면서도 이 세상에 내재해 있습니다. 교회는 하나님 나라의 전초기지로서 세상을 품어야 합니다. 죄인들을 사랑하고, 환대하고, 존경하고, 높여 주어야 합니다. 죄인들과 세상을 위해서 희생하고 섬겨야 합니다. 죄인들과 세상을 향하여 삼위일체 영성을 실천해야 합니다.

선교의 현장들

직 장

우리의 일터와 직장은 선교의 최전선입니다. 우리 그리스도인들은 우리의 일터와 직장이 삼위일체 하나님의 연합적 친교를 모방하는 공동체가 되도록 노력해야 합니다. 그렇게 하기 위해서는 먼저 우리의 일터에서 다양성을 존중하고 예찬하는 삶을 살아야 합니다. 나와 다른 사람들, 나와 다른 가치관을 가지고 있는 사람들, 심지어 주님을 알지 못해서 우리 그리스도인들을 핍박하는 사람들까지도 인정하고 존중해 주어야 합니다. 그들의 악을 선으로 갚아야 합니다. 그때 그들의 심령에 복음의 씨앗, 사랑의 씨앗이 심겨집니다. 그때 성령께서 일하실 수 있는 공간이 만들어지는 것입니다. 우리 자신들만이 그렇게 살 것이 아니고 우리의 일터에서 함께 일하는 직장동료들 간에도 차이와 다름과 다양성을 존중해 주는 풍토가 유지되도록 노력해야 합니다.

　더불어 다양성의 존중과 예찬이 무질서한 대립이나 분열로 흐르지 않도록 해야 합니다. 다양성이 존중되고 예찬되는 맥락에서 하나 됨과 일치와 연합을 추구해야 합니다. 또한 직장의 동료들과 상사들과의 관계를 상호 참여의 관계, 상호 의존의 관계로 만들어 가야 합니다. 나 혼자 잘났다는 교만한 마음을 품고 다른 동료들과 상사들을 무시하는 자세는 삼위일체 영성과 일치하지 않습니다. 도리어 자신의 부족함을 인정하고 다른 동료들과 긴밀한 상호 참여와 상호 의존의 관계를 유지해야 합니다. 더 나아가 동료들과 상사들과의 사랑의 코이노니아를 이루어 가기 위해 노력해야 합니다. 동료들과 상사들을 먼저 존경해 주고, 인정해 주고, 높여 주고, 환대해 주어야 합니다. 동료들과 상사들을 진실한 사랑으로 대해야 합니다. 그리고 직장의 동료들과 상사를 향한 섬김과 희생을 아끼지 않아야 합니다. 우리만 그렇게 사는 데서 그칠 것이 아니라, 다른 동료들과 상사들도 그런 삶을 살아가도록 권면하고, 그런 풍토가 유지되도록 노력해야 합니다. 바로 그때 동료들과 상사들의 마음속에 복음의 씨앗이 심기게 됩니다. 성령께서 역사하실 수 있는 공간이 만들어지게 됩니다.

　그렇게 하기 위해서 우리 그리스도인들은 직장 내에 조직된 신우회의 정체성을 새롭게 할 필요가 있습니다. 물론 다 그런 것은 아니지만, 일반적으로 신우회는 직장 내에서 그리스도인들끼리 친교를 나누는 일을 주된 목적으로 삼아 왔습니다. 어떻게 보면 광야 같은 일터에서 오아시스 같은 역할을 해 왔습니다. 그러나 신우회의 목적과 정체성은 다른 모든 믿는 자들의 공동체와 마찬가지로 선교적이어야 합니다. 그리스도인들 간의 사귐도 중요하지만, 거기에 머물러서는 안 됩니다. 반드시 믿지 않는 동료들과 상사들에게 예수 그리스도의 은혜의 복음과 하나님 나라의 복음을 전하는 공동체가 되어야 합니다. 그렇게 하기 위해서 신우회는 삼위일체 영성을 체현하는 공동체가 되어야 합니다. 그리고 좀더 직장과 회사의 삶 속에 깊이 참여해야 합니다. 때로는 직장과 회사의 어떤 행사들을 주도해 나갈 필요도 있습니다. 신우회가 존재함으로써 다른 동료들과 상사들이 유익을 얻을 수 있어야 합니다.

물론 이런 삶을 사는 게 결코 쉬운 일은 아닙니다. 그래서 우리는 성령의 인도와 능력을 힘입어야 합니다. 우리의 직장을 삼위일체적 영성이 완전하게 체현된 공동체로 만드는 것은 사실상 불가능합니다. 그러나 우리는 주님의 뜻과 명령에 순종해야 합니다. 삼위일체 하나님의 빛을 직장에 비춰게 하고, 일터의 소금으로서의 역할을 신실하게 감당함으로써 우리 직장의 부패를 막고 하나님 나라의 모습에 가깝게 변화시켜 나가야 합니다.

이미 이 땅에 임하여 역사하고 있는 하나님 나라를 직장의 동료들과 상사들에게 보여 주어야 합니다. 그리할 때 그들이 주님께로 돌아오기 시작할 것입니다. 하나님 나라를 침노하기 시작할 것입니다. 전 재산을 다 드려서 하나님 나라의 보화가 숨겨져 있는 밭을 사게 될 것입니다.

학교

그리스도인 학생들에게 학교는 선교의 최전선입니다. 그리스도인들은 우리의 학교가 삼위일체 하나님을 닮은 공동체가 되도록 노력해야 합니다. 또한 다른 학생들과 교사들의 다름과 차이와 다양성을 존중하는 삶을 살아야 합니다. 친구들과 선생님들을 빨리 예수 믿는 사람들로 만들겠다는 조급한 마음으로 신앙을 강요해서는 안 됩니다. 참고 기다리면서 그들의 심령에 복음의 씨앗, 주님의 사랑의 씨앗이 심겨질 수 있도록 노력해야 합니다.

친구들과 선생님들의 모습을 있는 그대로 인정하고 수용한다는 것은 결국 다양성을 존중하는 자세입니다. 우리 그리스도인 학생들은 다양성의 존중이 무질서한 분열과 대립으로 이어지지 않도록 애써야 합니다. 도리어 하나 됨과 일치와 연합을 추구해 가야 합니다. 주어진 공부에 최선을 다하는 데서 하나가 되고, 친구들과 친밀한 인격적 관계를 유지하는 데서 하나가 되어야 합니다. 또한 선생님들을 존경하고 선생님들의 지도를 잘 따르는 일에서 일치가 되어야 합니다.

서로 간에 다양성을 인정하는 것뿐만 아니라 상호 참여, 상호 의존의 아름다운 관계를 유지해야 합니다. 친구들에 대해 좀더 깊이 알려고 노력하고, 기회가 닿는 대로 그들의 삶에 동참해야 합니다. 그리고 다른 사람을 무시하고 무관심한 극단적 개인주의로 친구들과의 관계를 악화시키지 않도록 주의해야 합니다. 선생님들과의 관계도 마찬가지입니다. 선생님들에 대해 깊이 알 수 있으면 좋습니다. 그리고 선생님들의 개인적인 삶에도 자주 동참할 수 있어야 합니다.

더 나아가 친구들과 선생님들과 깊은 사랑의 친교를 나눌 수 있어야 합니다. 친구들과 선생님들을 먼저 인정해 주고, 존경하며, 환대하고, 높여 주는 사귐을 나눌 수 있어야 합니다. 이런 사랑의 관계는 섬김과 희생의 관계로 발전되어 가야 합니다. 우리가 친구들과 선생님들을 주님의 이름으로 섬기고 그들의 유익을 위해 희생하는 삶을 살 때, 믿지 않는 친구들과 선생님들의 마음속에 복음의 씨앗이 심겨지는 것입니다. 우리 자신들만 이렇게 사는 것에서 그쳐서는 안 됩니다. 다른 친구들과 선생님들도 삼위일체 영성을 따라 살아갈 수 있도록 학교 풍토를 바꾸어 가야 합니다. 우리의 학교 공동체를 상호 연합적인 친교의 공동체로 만들어

가야 합니다.

　그렇게 하기 위해서는 학교 내에 기독학생회를 구성해 그리스도인 학생들 간에 깊은 신앙적·인격적 교제를 갖는 것이 매우 중요합니다. 이와 함께 믿지 않는 학생들을 섬기고 도울 수 있는 여러 가지 기회들을 모색할 수 있을 것입니다. 그러면서 믿지 않는 친구들과 선생님들을 계속해서 주님의 이름으로 사랑해야 합니다. 그리고 그들의 유익을 위하여 우리 자신들의 시간과 물질과 에너지를 집중하는 모습을 보여 줘야 합니다. 그리할 때 이 땅에 이미 도래한 하나님의 나라가 더 가시적으로 드러나게 되고 진보하게 됩니다. 그때 하나님을 알지 못했던 사람들의 가슴 속에 하나님을 알고 싶다는 소원이 심겨지게 되는 것입니다.

　하나님 나라의 완성은 주님의 재림을 통해 이루어질 것입니다. 그러나 이미 이 땅에는 하나님의 나라가 임했습니다. 그 나라는 지금도 역사하고 있으며, 주님 오실 그때를 향하여 중단 없이 진보하고 있습니다. 우리의 학교 공동체를 삼위일체 하나님 닮은 공동체로 만드는 일이 이 땅에서 온전히 완성되지 못할 것을 우리는 압니다. 그러나 예수 그리스도의 삶과 죽으심과 부활을 통해 이미 이 땅에 임한 하나님의 나라를 세상 사람들에게 더 분명하게 보여 주기 위해서 우리 그리스도인들은 끊임없이 수고해야 합니다.

　학교 공동체를 삼위일체 하나님 닮은 공동체로 만들어 가는 일은 힘이 듭니다. 그렇지만 참으로 신나고 보람 찬 일임에 틀림없습니다. 이 일을 위하여 우리를 부르신 주님께 겸손히 순종하는 우리가 되어야겠습니다.

사회와 국가

　그리스도인들이 속한 사회와 국가는 선교의 또 다른 최전선입니다. 우리는 우리가 속한 사회와 국가를 삼위일체 하나님을 닮은 공동체로 만들어 가야 합니다. 우선 우리 사회를 구성하고 있는 다양한 사람들을 인정하고 존중해야 합니다. 대한민국이라는 국가는 말할 수 없이 다양한 사람들로 구성된 공동체입니다. 가치관이 다양합니다. 삶의 체험이 다양합니다. 삶에 대한 비전이 다양합니다. 삶의 방식과 수준이 다양합니다. 우리는 이런 다양성을 존중하고 예찬해야 합니다. 다양성은 하나님의 존재 원리요 창조 원리입니다. 다양성을 억누르고, 모든 사람을 획일적으로 만드는 공동체는 삼위일체 하나님의 원리를 거스르고 있는 것입니다. 북한과 같은 획일적 독재체제가 좋은 실례가 됩니다. 그런 획일적 독재체제하에서는 개개인의 다양성이 억압될 뿐 아니라, 개인의 기본적인 인권도 무참하게 유린되고 말살됩니다. 우리가 속해 있는 사회와 국가가 건강한 공동체가 되려면 구성원들의 다양성을 품고, 존중하고, 예찬하는 공동체가 되어야 합니다.

그러나 이런 다양성의 존중과 예찬이 무질서한 대립주의와 분열주의로 퇴락해서는 안 됩니다. 다양성을 존중하고 예찬하는 가운데 통일성과 일치와 연합과 하나 됨을 추구해야 합니다. 오늘날 우리 사회와 국가는 다양성의 존중과 예찬을 넘어서 무질서한 대립과 분열로 치닫고 있습니다. 일치와 연합과 하나 됨이 설 자리를 잃었습니다. 이념적인 대립이 심각합니다. 위정자들과 국민들의 갈등이 하늘을 찌릅니다. 우리 사회가 어느 방향으로 가야 할지에 대한 합의가 통일성 있게 도출되지 못했습니다. 이것은 우리 사회와 국가가 건강하지 못하다는 증거입니다.

이런 상황에서 우리 그리스도인들은 사회 구성원들의 다양성을 인정하고 존중하는 삶을 살아야 합니다. 동시에 구성원들 간에 하나 됨과 일치와 연합을 이룰 수 있도록 노력해야 합니다. 그리스도인들 사이에서 먼저 다양성을 존중하는 삶의 모습을 보여 주고, 그 가운데 일치와 연합을 추구하는 모습을 다른 사회 구성원들에게 보여 줄 수 있어야 합니다. 그런 모습을 보여 주면서 우리 사회와 국가가 동일한 방식의 삶을 살아갈 수 있도록 풍토를 조성하는 일에 심혈을 기울여야 합니다.

그리스도인들은 사회와 국가가 나아가야 할 방향에 대해서 건설적인 대안들을 내어 놓아야 합니다. 우리 사회와 국가가 지향해야 할 정체성이 무엇인지, 추구해야 할 목표가 무엇인지 제시해 줄 수 있어야 합니다. 그리고 그 정체성을 바르게 유지하고 목표들을 달성하기 위해서 어떤 전략과 전술을 채택해야 하는지에 대해서도 건설적인 대안들을 내어 놓을 수 있어야 합니다. "우리 모두 다양성을 인정하면서 연합과 일치를 추구해 갑시다"라고 외치는 것으로는 문제가 해결되지 않기 때문입니다.

그리스도인들은 우리가 속한 사회와 국가의 다른 구성원들과 상호 참여와 상호 의존의 관계성을 맺어 가야 합니다. 주님은 그리스도인들에게 세상을 떠나라고 말씀하지 않으셨습니다. 도리어 세상 속으로 우리를 보내시고, 세상 만민에게 하나님 나라의 복음을 전하라고 명령하셨습니다. 하나님 나라의 복음은 죄인이 사죄와 구원과 영생을 받는 복음이며, 삼위일체적인 연합적 친교 공동체의 복음입니다. 따라서 우리 그리스도인들은 우리가 속한 사회와 국가의 다른 구성원들의 삶에 대해 구체적으로 알고, 그 삶에 동참해야 합니다. 영육 간에 가난한 사람들이 어떻게 살고 있는지, 고아와 과부들이 어떻게 살고 있는지, 장애인들을 비롯한 소외된 사람들이 어떻게 살고 있는지 깊이 알아야 합니다. 그리고 기회가 닿는 대로 그들의 삶에 동참해 주어야 합니다. 주님은 이 세상의 가장 작은 자에게 한 것이 바로 그분께 한 것이라고 말씀하셨습니다.

그리고 우리 그리스도인들은 우리가 속한 사회와 국가의 다른 구성원들과 상호 의존의 관계에 있음을 깨달아야 합니다. 그리스도인들만이 하나님께서 택한 백성이라는 선민의식이 우리를 교만하게 해서는 안 됩니다. 도리어 우리 자신을 낮추어 사회와 국가의 다른 구성원들과 서로 도우며 살아야 합니다. 그런 도움의 과정을 통해서 아직 예수님을 알지 못하는 사람들의 마음에 복음의 씨앗이 심겨지게 됩니다. 출애굽기 19장 5-6절을 보면, 주님께서 이스라엘 백성을 당신의 소유로 삼으신 이유가 이스라엘 백성이 세상 만민을 위한 제사장 나라가 되기 위함이었음을 알게 됩니다. 마찬가지로, 주님께서 우리를 당신의 백성으로 삼아 우리가 속한 사회와 국가로 보내신 것은 그 사회와 국가를 위한 제사장 역할을 감당하게 하려는 것입니다. 즉, 하나님과 우리 사회를 연결시켜 주는 화해자로 세우시려는 것입니다. 우리는 이 사실을 명심하고, 헛된 교만과 선민의식에 빠져 주님께서 우리에게 요구하시는 일을 등한시하는 어리석음을 범해서는 안 될 것입니다.

그리스도인들은 우리가 속한 사회와 국가의 구성원들과 사랑의 사귐을 가져야 합니다. 그들을 인정해 주고, 아껴 주고, 높여 주고, 존경하며, 환대해야 합니다. 그리스도인들이 더 이기적이고 구두쇠 같고 깍쟁이 같다는 비난을 많이 듣습니다. 결코 바람직하지 못한 현실입니다. 이 점에 대해서도 우리는 회개해야 합니다. 적어도 그리스도인들이라면 사랑이 많은 사람이라는 평가를 들어야 하지 않겠습니까? 더 나아가 섬김과 희생으로 이 사랑의 사귐이 더욱 깊어져야 합니다. 우리 주님도 죄인들과 세상을 사랑하고 품으셨습니다. 하나님 아버지께서도 세상을 극진히 사랑하셔서 독생자 예수님을 세상에 보내셨습니다. 우리 주님은 죄인과 세상을 섬기시고, 죄인과 세상을 위해 자신을 희생하셨습니다. 주님의 삶을 본받아 우리 그리스도인들도 섬김과 희생의 삶을 살아야 합니다.

그리스도인끼리만 사랑하고 섬기고 희생하는 삶을 사는 데서 그치지 말고, 우리가 속한 사회와 국가의 모든 구성원이 서로 사랑하고 섬기며 희생하는 삶을 살도록 권면해야 합니다. 사랑과 섬김과 희생의 풍토를 사회와 국가 가운데 확산시켜 가야 합니다. 사랑하고 섬기며 희생할 때 인생의 참 행복과 보람이 있음을 사회와 국가의 다른 구성원들이 체험할 수 있도록 풍토를 조성해 가야 합니다. 그래서 우리가 속한 사회와 국가가 삼위일체 하나님이 누리고 계시는 연합적 친교의 공동체를 닮아 가도록 노력해야 합니다. 이런 과정을 통해서 주님을 알지 못했던 다른 구성원들의 심령에 복음의 씨앗이 심겨지고, 성령의 역사를 통하여 죄인들이 주님께 돌아오고 세상이 변화되는 것입니다.

물론 이 타락하고 죄악 된 세상이 하나님의 나라로 온전하게 변화될 수 없음을 우리는 압니다. 하나님의 완성된 나라는 주님이 재림하실 때 위로부터 초월적으로 임하게 됩니다. 그러나 삼위일체 영성을 구현하는 교회의 선교 사역을 통해 이 땅에 임해 있는 하나님 나라는 더 가시화되고, 더 진보하고, 하나님 나라의 가치가 확산되게 됩니다. 동시에 하나님 나라의 진보는 반드시 이 세상의 사회와 정치와 경제와 문화에 영향을 미치게 되어 있습니다. 그 결과 우리가 속한 사회와 국가가 삼위일체적인 연합적 친교의 공동체를 조금 더 닮은 공동체로 거듭나게 될 것입니다.

선교, 하나님 나라, 하나님의 영광

지금까지의 논의를 읽고, 이런 질문을 제기하는 분도 있을 것입니다.

"삼위일체 하나님의 연합적 친교를 닮은 완벽한 공동체를 이 땅에 세울 수 없는 것이 확실하다면, 왜 그 일을 위해 우리 삶을 바쳐야 하지요? 이룰 수 없는 일에 우리의 시간과 열정을 쏟아 붓는 것은 어리석고 미련한 일 아닌가요? 주님께서 재림하시기를 조용히 기다리면서, 개인의 영혼구원에만 주력하는 것이 옳지 않을까요?"

얼핏 들으면 일리가 있는 질문입니다. 그래서 오늘날 많은 신실한 그리스도인들은 복음전도를 통한 개인의 영혼구원에만 모든 열정을 쏟고 있습니다. 하지만 그들이 놓치고 있는 것이 있습니다. 그것은 하나님 나라를 이 땅에서 더 가시화하고, 하나님 나라의 가치가 확산되게 하는 것이 곧 더 많은 영혼을 구원하는 좋은 길이라는 사실입니다. 다시 말하면, 죄와 마귀의 권세에 종노릇하는 사람들에게 예수 그리스도를 통하여 이 땅에 임한 하나님 나라의 영광스러움을 보여 주는 것이야말로 그들이 주님께로 돌아오게 하는 최선의 방법이라는 것입니다. 그리고 하나님 나라의 진보를 통하여 하나님 나라가 부분적으로나마 이 땅에 구현될 때, 세상 사람들이 하나님께 영광을 돌리는 일이 일어나게 된다는 것입니다. 이 사실은 우리 주님께서 친히 확인해 주셨습니다.

> 너희는 세상의 소금이니 소금이 만일 그 맛을 잃으면 무엇으로 짜게 하리요 후에는 아무 쓸데없어 다만 밖에 버리워 사람에게 밟힐 뿐이니라 너희는 세상의 빛이라 산 위에 있는 동네가 숨기우지 못할 것이요 사람이 등불을 켜서 말 아래 두지 아니하고 등경 위에 두나니 이러므로 집 안 모든 사람에게 비취느니라 이같이 너희 빛을 사람 앞에 비취게 하여 저희로 너희 착한 행실을 보고 하늘에 계신 너희 아버지께 영광을 돌리게 하라 마 5:13-16.

여기서 중요한 것은 교회가 빛을 사람 앞에 비춰게 하는 것은 곧 교회가 세상의 유익을 위하여 착한 행실을 하는 것이라는 점입니다. 다시 말하면 우리가 속한 가정, 직장, 학교, 사회, 그리고 국가를 삼위일체 하나님의 연합적 친교를 닮은 공동체로 만들어 가는 우리의 선한 행실이 세상에 하나님 나라의 빛을 비춰는 것이라는 뜻입니다. 그렇게 될 때 어떤 일이 일어난다고 말씀하십니까? 세상 사람들이 우리의 착한 행실을 보고 그로 인하여 하늘에 계신 우리 아버지께 영광을 돌리게 된다고 합니다. 이것은 정말로 중요한 통찰입니다. 주님의 재림을 통하여 완성된 하나님 나라가 임하기 전에도, 교회의 선한 행실 때문에 세상 사람들이 하나님께 영광을 돌리는 일이 일어나게 된다는 것입니다. 즉, 주님의 재림 때에나 일어날 것 같은 그 일이 바로 여기 이곳에서 here and now 일어나게 된다는 것입니다.

더불어 우리는 또 한 가지 중요한 사실을 깨닫게 됩니다. 주님께서 명시적으로 말씀하지는 않으셨지만, 교회의 선한 행실을 보고 하나님께 영광을 돌리는 사람들 중에 분명 많은 사람이 주님께로 돌아오리라는 사실을 추측해 볼 수 있습니다. 그렇다면 이 세상 사람들에게 하나님 나라를 더 가시화하고, 하나님 나라의 가치를 더 확산시키는 우리의 선한 행실은 곧 수많은 영혼을 구원하는 결과를 가져온다는 사실을 짐작할 수 있습니다.

바로 그런 의미에서 개인의 영혼구원과 사회참여를 통한 삼위일체적 공동체 건설 사이에는 이분법이 허용될 수 없습니다. 이 둘은 결코 상호 모순될 수 없습니다. 오히려 개인 영혼의 구원과 삼위일체적 공동체 건설은 하나님의 영광을 위한 선교 사역의 본질적인 두 차원이 되는 것입니다. 영혼구원을 받은 개인은 교회의 한 지체로서 삼위일체적 공동체

건설에 참여합니다. 이로써 삼위일체 하나님의 연합적 친교를 닮은 공동체들이 이 땅에 많이 생겨날 때, 더 많은 영혼들이 구원받는 역사가 일어나게 됩니다. 그래서 이 선교의 두 차원은 반드시 함께 존재할 수밖에 없는 동전의 양면과 같은 것입니다.

모든 그리스도인이 선교사다

삼위일체 영성에 뿌리박은 선교는 선교의 개인적 차원과 사회적 차원을 통합하는 선교입니다. 선교의 역사는 삼위일체 영성이 추구되고 구현되는 곳에 반드시 일어나게 되어 있기 때문입니다. 또한 삼위일체 영성은 삶의 모든 영역에서 추구되고 실현되어야 할 영성입니다. 따라서 모든 삶의 영역이 선교의 현장이 됩니다. 우리는 가정과 직장과 사회와 국가 등 우리 그리스도인들이 속한 모든 공동체를 삼위일체 하나님을 닮은 공동체로 변화시켜 가야 합니다. 그런 의미에서 우리 모든 그리스도인은 삼위일체 하나님으로부터 세상에 보냄을 받은 선교사입니다. 풀타임으로 선교 사역을 감당하는 전문선교사뿐만 아니라, 모든 그리스도인이 선교사입니다. 삼위일체 영성을 구현하는 선교 사역에서는 풀타임 선교사와 파트타임 선교사라는 이분법이 허용될 수 없습니다. 전문적인 선교사와 비전문적인 선교사라는 이분법이 용인될 수 없습니다. 우리의 가정과 학교와 직장과 사회와 국가 속에서 삼위일체 영성을 추구해 가는 모든 그리스도인이 하나님의 선교사입니다. 예수 그리스도를 주와 구주로 믿는 모든 그리스도인이 영적인 제사장이듯이, 우리 모두는 하나님의 선교사입니다. 하나님과 세상 사이를 화목하게 하고 화해시키기 위해서 보내어진 선교사입니다. 그리고 아직도 어둠이 지배하고 있는 이 땅에 하나님 나라의 빛을 비춰야 할 선교사입니다.

  우리 모든 그리스도인이 삼위일체 하나님으로부터 세상에 보냄을 받은 선교사로서의 정체성과 사명에 충실할 때, 많은 죄인들이 회개하고 주님께 돌아오며, 불의한 세상이 좀더 하나님 나라를 닮은 공동체로 변화되는 거룩한 역사가 계속될 것입니다.

Note

중요 용어

Missional   '존재론적으로 선교적인'이라는 뜻을 가진 단어. '선교적인'이라는 뜻으로 사용되어 온 'missionary'라는 단어를 대신해서, 하나님과 교회의 존재 본질을 선교로 인식하는 의미로 사용된다.

선교 대명령   마태복음 28장 18-20절이 대표적인 구절이며, 대위임$^{Great\ Commission}$이라고도 부른다. 모든 족속에게 하나님 나라의 복음을 전하고, 모든 족속을 그리스도의 제자가 되게 하라는 주님의 지상 최대 명령을 뜻한다.

개인구원   복음전도^{evangelism}를 통해서 죄인 개개인이 회개하고, 예수 그리스도를 믿음으로 죄사함을 얻고, 하나님의 자녀가 되고, 영원한 생명과 영원한 천국을 유업으로 받게 되는 일을 뜻한다.

그리스도인의 사회참여   교회 공동체가 하나님 나라의 복음을 증거하고 하나님 나라의 가치관에 입각한 삶을 살아감으로써 사회의 모든 영역이 하나님 나라를 닮은 공동체로 변화되게 하는 사역을 뜻한다.

로잔언약 Lausanne Covenant 1974년 존 스토트와 빌리 그레이엄의 주도로 스위스 로잔에서 열린 세계복음화국제대회 International Congress on World Evangelization에서 채택된 복음주의권의 신앙고백서. 세계 150여 국가를 대표하는 2,300명의 복음주의 지도자들이 참여하여 공동으로 작성하였다. 개인구원과 사회참여를 균형 있게 강조한 문서로서, 현대 복음주의 기독교의 가장 영향력 있는 신앙고백문이다.

토론 문제

1. 선교가 삼위일체 하나님의 존재적 본질이라는 말은 무슨 뜻입니까?
2. 개인구원과 사회참여의 균형은 어떻게 이룰 수 있을까요? 아울러 삶의 모든 영역이 선교 현장이라는 말은 무슨 뜻일까요?
3. 삼위일체 하나님의 본질인 연합적 친교의 공동체가 세상의 공동체 속에 구현되는 것과 하나님 나라의 관계를 어떻게 이해해야 할까요?
4. 모든 그리스도인이 선교사라는 의미가 무엇인지 이야기해 봅시다.

나가는 말
삼위일체 영성과 예배

　1부에서는 삼위일체 신학의 중요성을 설명했고 2부에서는 수평적인 차원에서, 즉 사람과 사람의 관계에서 삼위일체 영성이 어떻게 추구되고 실현되어야 하는지 설명했습니다. 저는 이 책을 마무리하면서 이러한 수평적 차원의 삼위일체 영성과 함께 수직적 차원, 즉 사람과 하나님과의 관계에서 삼위일체 영성이 어떻게 추구되고 실현되어야 하는지 말씀드리고자 합니다.

　삼위일체 영성은 우리 그리스도인들과 다른 사람 사이뿐만 아니라 우리와 삼위일체 하나님 사이에도 실현되어야 합니다. 그것은 예배를 통해서 이루어집니다. 예배는 삼위일체 하나님과 그리스도인들이 만나는 인격적 사건입니다. 인격자이신 하나님께서 우리에게 은혜와 사랑과 위로를 베풀어 주시고 우리는 그것에 반응하여 찬양과 간구와 감사와 경배를 드리는 인격적인 만남의 사건이 예배입니다. 우리 그리스도인들이 예배를 드린다는 것은, 결국 성령 안에서 예수 그리스도를 통하여 아버지께 나아가는 것입니다. 즉, 신령과 성령 안에서 진정으로 진리 되신 예수 그리스도를 통하여 하나님을 예배하게 됩니다. 이 말은 우리의 예배 자체가 삼위일체적인 사건이라는 것입니다. 우리는 예배를 통해서 수평적인 차원에서 삼위일체 영성을 추구하고 실현할 수 있는 자양분과 힘을 공급받습니다. 따라서 삼위일체 하나님에 대한 참된 예배 없이는 삼위일체 영성의 추구와 실현은 불가능합니다. 예배를 통해서 매 순간 하나님과의 관계를 새롭게 회복하는 그리스도인들만이 다른 사람과 바른 관계를 가질 수 있습니다.

예배는 우선 하나님과 우리의 다름을 인정하고 예찬하는 사건입니다. 사람은 사람이고, 하나님은 하나님이십니다. 사람은 유한하고, 하나님은 무한하십니다. 사람은 용서가 필요한 죄인이고, 하나님은 거룩하신 분이십니다. 사람은 통치를 받는 자이고, 하나님은 통치자이십니다. 그러므로 그리스도인들은 예배를 통해서 삼위일체 하나님이 우리의 이해의 대상이기도 하지만 궁극적으로 경배와 찬양과 송영의 대상임을 고백하게 됩니다. 삼위일체 하나님의 신비로우심 앞에서 우리는 더욱 겸허해지고, 우리의 한계와 피조물 됨을 뼈저리게 깨닫습니다. 우리의 부족함과 연약함을 깨닫고, 하나님의 만져 주심과 치유하심을 간구합니다. 삼위일체 하나님의 말할 수 없이 놀라운 은혜와 사랑 앞에서 우리는 우리 죄를 자복하고 탄식하며 회개하고, 주님의 용서와 회복의 역사에 감격하여 눈물을 흘리게 됩니다. 우리의 이해와 상상력을 초월하시는 삼위일체 하나님의 장엄함 앞에서 한없는 찬송과 경배를 올리게 됩니다. 그리고 삼위일체 하나님의 무한한 아름다우심과 거룩하심을 우리 마음속 깊은 곳으로부터 찬양하며 높이게 됩니다. 예배를 통해서 우리는 삼위일체 하나님과 우리 사이의 다름을 예찬합니다.

이와 함께 우리는 예배를 통해 삼위일체 하나님과 하나가 되고 연합됨을 체험합니다. 예배를 통해 우리 모두가 성부 하나님을 아버지로 모시고 살아가는 한 가족엡 2:19이 되었음을 체험합니다. 또한 성자 예수님과의 영적 연합을 통해 신령한 부부엡 5:32가 되었음을, 성령께서 우리 안에 내주하심을 체험함으로 교회 공동체가 신령한 집벧전 2:5이 되었음을 확인합니다. 우리는 예배를 통해 주님의 몸 된 교회 공동체가 머리 되신 주님과 긴밀히 연결되어 있음을 확인합니다. 또한 우리가 삼위일체 하나님 안에 있음을 그리고 삼위일체 하나님께서 우리 공동체 안에 있음을 체험하게 됩니다. 즉, 영적인 상호 내주와 상호 침투와 상호 참여를 체험하게 되는 것입니다.

예배에서 선포되는 하나님의 말씀으로 인해 우리 영혼은 영적인 양식을 얻습니다. 예배 때 베풀어지는 성찬 예식을 통해 삼위일체 하나님과 우리가 영적으로 연합되었음을 확인합니다. 또한 모든 지체가 예수 안에서 하나가 되었음을 체험합니다. 우리는 예배 시에 올리는 찬양과 찬송을 통해 삼위일체 하나님의 사랑과 은혜에 인격적으로 반응합니다. 예배 때 드리는 기도를 통해 경배adoration와 고백confession과 감사thanksgiving와 간구supplication를 삼위일체 하나님께 올려 드립니다. 심지어 마땅히 빌 바를 알지 못할 때에도, 말할 수 없는 탄식으로 우리를 위하여 친히 간구하시는 성령롬 8:26의 도움을 힘입어, 예수 그리스도의 이름으로 아버지께 기도하게 됩니다. 예배를 통해 우리는 삼위일체 하나님과의 거룩한 주고받음을 경험하게 되는 것입니다. 요컨대 우리의 예배는 삼위일체 하나님과의 인격적 친교를 맛보는 현장이자 삼위일체 하나님이 누리고 계시는 연합적인 친교에 참여하는 현장이 됩니다.

그러므로 삼위일체 하나님에 대한 바른 예배 없이 삼위일체 영성은 실현될 수 없습니다. 예배를 통해 삼위일체 하나님과의 인격적이면서 연합적인 친교를 체험한 그리스도인들만이 성령의 인도와 능력을 힘입게 됩니다. 그리고 그들만이 자신이 속한 공동체 속에서 삼위일체 영성을 추구하고 구현할 수 있습니다. 또한 삼위일체 영성이 구현되는 만큼, 우리 삶의 모든 현장이 예배의 현장으로 바뀌게 됩니다. 특정한 날 특정한 시간에 특정한 공간에서만 드려지는 공적인 예배의 차원을 넘어서, 예배가 삶이 되고 삶이 예배가 되는 차원까지 나아가게 됩니다. 그때에야 "너희 몸을 하나님이 기뻐하시는 거룩한 산 제사로 드리라"룸 12:1는 주님의 명령이 우리의 삶 속에서 성취되는 것입니다.

우리 신앙의 선배들은 다음과 같이 삼위일체 하나님을 찬양하고 예배했습니다.

> 만복의 근원 하나님
> 온 백성 찬송드리고
> 저 천사여 찬송하세
> 찬송 성부 성자 성령 아멘찬송가 1장.

> 성부 성자 성령께
> 찬송과 영광 돌려 보내세
> 태초로 지금까지
> 또 영원 무궁토록
> 성 삼위께 영광 영광 아멘찬송가 2장.

> 이 천지간 만물들아
> 복 주시는 주 여호와

전능 성부 성자 성령

찬송하고 찬송하세 아멘$^{찬송가\,3장}$.

성부 성자와 성령

영원히 영광 받으옵소서

태초로 지금까지

또 길이 영원 무궁

영광 영광 아멘 아멘$^{찬송가\,4장}$.

   이 고백과 찬양을 거룩하시고 존귀하신 삼위일체 하나님께 예배로 올려 드립니다.

삶 속에 적용하는 Life

삼위일체 신학
Life Trinity Theology That You Apply to Your Life

지은이 정성욱
펴낸곳 주식회사 홍성사
펴낸이 정애주
국효숙 김의연 박혜란 손상범
송민규 오민택 임영주 차길환

2007. 5. 11. 초판 발행　2024. 3. 15. 11쇄 발행

등록번호 제1-499호 1977. 8. 1.
주소 (04084) 서울시 마포구 양화진4길 3　**전화** 02) 333-5161　**팩스** 02) 333-5165
홈페이지 hongsungsa.com　**이메일** hsbooks@hongsungsa.com
페이스북 facebook.com/hongsungsa
양화진책방 02) 333-5161

ⓒ 정성욱, 2007

• 잘못된 책은 바꿔 드립니다. • 책값은 뒤표지에 있습니다.

ISBN 978-89-365-0244-7 (03230)